U0076552

東大學霸
沒告訴你的
K書密技

史上最強應試技巧全解析！

學研編輯部／編輯　鍾嘉惠／譯

世上的人形形色色。

擅長背誦的人、擅長計算的人。

能持續做著相同作業的人、機靈的人。

會長時間細思慢想的人、能集中精神快速推導出答案的人。

正如每個人的個性都不一樣,

適合的學習方法也各不相同。

而且個性並不能決定一個人的學業表現,

就像東大學生的個性也是十人十個樣。

我將八位個性和專攻領域各異的東大學生

高中時身體力行的學習法,

彙整成這本讀書祕笈。

裡頭收錄了97種類型豐富的學習方法。

可能有讀者擔心東大生的學習法感覺似乎很難,

其實並不會。我收集的全是用點心思或稍加留意,

今天就能開始執行的讀書技巧。

從日常念書到應試用得上的技巧,內容涵蓋各個方面。

發現適合自己的學習法

會是成績進步的契機。

但願這本書能成為你的轉機。

本書執筆群代表

安堂裕樹

Unit 2 演練篇 64

Unit 3 課堂篇 132

Unit 4 段考篇 160

Unit 5 大學應試篇 194

本書中為各位介紹學習方法的,是這八位東京大學的學生。

安堂裕樹

東京大學
理科一類
→工學系
→研究所工學系
研究科

編輯部推薦

No.008 背誦的祕訣在於輸出

No.061 大膽只做復習而不預習!

No.089 課堂上不會教的部分要
盡早準備

服部篤樹

東京大學
理科一類
→工學系
→研究所工學系
研究科

編輯部推薦

No.028 製作失誤筆記記錄自己
曾犯的錯

No.044 利用活頁紙自製問題集

No.063 課堂中的疑問整理在標
籤紙上

林 伊吹

東京大學
理科一類
→工學系
→研究所工學系
研究科

編輯部推薦

No.016 現代文也要背誦

No.037 利用電子辭典的查詢紀
錄做字彙總復習

No.051 可了解梗概!
漫畫活用法

小林 星

東京大學
理科一類

編輯部推薦

No.003 比整理筆記簡單!
黑白影印問題集

No.013 課堂上先記下關鍵字

No.040 簡單!講義整理術

永山龍那

東京大學
理科一類

編 輯 部 推 薦

No.025 理工類的背誦要反覆做
　　　 基礎題

No.029 假如停頓十分鐘，就看
　　　 解析吧！

No.084 在一張紙上寫滿「小抄」

中島悠夏

東京大學
文科三類

編 輯 部 推 薦

No.001 用螢光筆和色筆為背誦
　　　 內容排序

No.017 不懂的字詞
　　　 要先推測意思

No.087 檢討考卷
　　　 以「查書」為主

河　紐羅

東京大學
文科三類

編 輯 部 推 薦

No.041 列出自己的弱項

No.057 趕走瞌睡蟲的方法

No.086 避免下次再錯，考試中
　　　 的筆記術！

松下天風

東京大學
文科三類

編 輯 部 推 薦

No.007 一定要記住的內容設成
　　　 智慧型手機桌布

No.049 分辨是「換一種說法」
　　　 或「說明理由、原因」

No.065 把課本當作筆記本用

※刊載內容為2020年3月時的資訊。

如何使用本書？

2 圖標
表示各單元學習法的類型。

國 數 英 社 理

No.008

上下學
途中可 | 持續下去
效果大 | 適合零碎
時間 | 可以
很愉快 | 想考頂大
者必看

3 標題和重點
各個學習法的
標題和概要。

背誦的祕訣在於輸出

POINT
● 要比輸入更注重輸出。
● 利用各種方法做輸出。
● 輸入、輸出成組搭配著做，記憶會更加牢固。

by 安堂 裕樹

4 人物
介紹此學習法
的東大學生。
建議也可以依
人物來搜尋學
習法。

〔 沒有輸出稱不上熟記 〕

　　輸入作業指的是把背誦事項記在腦子裡，輸出作業則是把記在腦中的背誦事項提取出來。

　　比方說，記住歷史人物的名字和他所做的事情即是輸入，而透過問題演練回答其人其事，或向別人說明記住的內容即相當於輸出。

輸入和輸出的不同

INPUT
讓知識
進入腦中

OUTPUT
把知識
提取出來

　　為了記住單字、年代、文法等背誦事項不能沒有輸入，但有意識地進行輸出的人大概不多吧？

　　不過，輸出比輸入更重要。為什麼呢？因為**藉由輸出可以讓輸入腦中的背誦事項更加深植於記憶中**。另外，段考答題也是一種輸出，所以背誦時預先練習輸出，就能防止考試時無法把輸入腦中的知識提出來用。

❶ 適 用 科 目

適合採用這種學習法的科目。

27

Unit1

背誦篇

那麼，具體上應該怎樣輸出才好呢？以我為例，我經常做以下的練習：

● 練習做背過範圍的題目。
● 用口頭說明背過的內容。
● 寫出背過的內容。
● 依背過的範圍自己設計問題。

〔 利 用 各 種 方 法 輸 出 ， 增 強 記 憶 〕

別只用一種方法輸出，**要把上述的幾種方法運用於同一個背誦事項**，以提高背誦的效果。

比方說，古文文法全部背完後，試著寫文法問題、說出背過的文法、把背過的文法全部寫出來、想一想可能設計出怎樣的陷阱題，這樣記憶的固著度就會顯著提升。

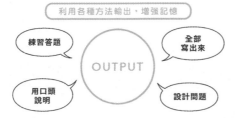

利用各種方法輸出，增強記憶

練習答題　全部寫出來　OUTPUT　用口頭說明　設計問題

這項輸出作業可用於所有背誦科目，投入許多時間背誦還是記不住的朋友，請一定要試試看！

❺
總 結
用一、兩句話
總結此學習法。

總結　只要加上輸出，記憶的固著度就會顯著提升！

😊〈高中的回憶〉 應試期唯一的樂趣，是每天租一本漫畫和朋友一起看。

❻ 心 情 小 語

收錄介紹此學習法的東大學生的微言細語。各單元有不同的主題。

背誦

篇

背誦是學習最基本的方式。
不過，純粹只是死記硬背的話會很痛苦，
也不容易真的學會。
讓我們下點工夫來提高背誦的效率吧！

Unit 1 的圖標說明

上下學途中可　搭車等上下學途中也可以進行的學習法。

持續下去效果大　持續愈久效果就愈好的學習法。

適合零碎時間　能夠利用零碎時間進行的學習法。

可以很愉快　可以很愉快地進行原本很單調的背誦作業。

想考頂大者必看　不但可應付日常學習，還有助於考取高門檻學校的技巧。

No.001

上下學途中可 · 持續下去效果大 · 適合零碎時間 · 可以很愉快 · 想考頂大者必看

用螢光筆和色筆為背誦內容排序

▶ POINT
● 用顏色區分背誦的重要程度。
● 一眼就能馬上辨識應當記住的事項。
● 可以有效率地復習。

by 中島 悠夏

看顏色就知道重要程度

　　雖然概括稱為應背誦事項，但有的「一定要記住」，有的「盡可能記住」即可，重要程度各不相同。這種時候，大部分的人不是都會利用螢光筆和色筆來畫重點嗎？只是，隨便亂標顏色反而會變得難以分辨重要程度。

　　妥善利用有色筆的訣竅在於，**以顏色區分應背誦的重要程度**。先定出每個級別的代表色，就能**一眼辨識出最重要的部分**。

　　這樣區分顏色在考試前夕會發揮最大的功效。距離考試所剩時間不多，卻想把考試範圍全部檢視一遍時，只要挑最重要的顏色看就能掌握大概。另一方面，有時間好好復習（複習）時，則可以連級別最低的顏色部分都看過一遍。像這樣事先用顏色區分重要性，就能**有效率地做復習**。

　　再說，整篇內容上沒有半點顏色的話，不容易分辨什麼地方重要，而且用自動鉛筆（鉛芯筆）等黑字註記的地方也很難辨識出來。

　　那麼，接下來就為各位說明區分顏色的具體做法。

定出螢光筆和色筆的使用規則

》 螢光筆的活用法

先介紹螢光筆的使用方法。螢光筆主要用於教科書和參考書的**印刷文字**。

例如像這樣：絕對要背的部分標上粉紅色、最好背起來的部分標黃色，很少出現在考題中但之前有考過、為避免下次答錯的部分標藍色。

》 有色原子筆的活用法

接著是有色原子筆的活用法。**在筆記本等地方自己做筆記時使用**。

❶ 背誦科目（社會科、理科）

如果是背誦科目，顏色區分方式和上述的螢光筆相同。依內容的重要程度，分別使用不同顏色的筆吧！

❷ 要翻譯的科目（英文、古文）

如果是必須解釋意思的英文和古文則稍有不同。例如像這樣：翻譯錯誤時用紅筆訂正、沒有翻錯但有更好的解釋時用藍筆來寫、重要的文法事項用粉紅色，忘記的生詞則用水藍色。

顏色使用規則範例

螢光筆		色筆	
粉紅色	一定要背	紅色	翻譯錯誤之處
黃色	最好要背	藍色	有另外的解釋法
藍色	感覺可能會考	水藍色	生詞、文法

這麼做可以一看就知道，標上顏色的字內容大概在說什麼，使筆記和課本變得更容易理解。不妨把定好的規則寫在筆記本的首頁上。

總結	每個重要等級選定一個顏色，讓筆記和課本變得更容易看清楚、方便學習。

高中的回憶　以前為了問問題，三天兩頭就跑教職員辦公室，連教務主任都記得我的名字了，當時好開心……。

No.002

上下學途中可 | 持續下去效果大 | 適合零碎時間 | 可以很愉快 | 想考頂大者必看

利用零碎時間專心背誦生詞的方法

POINT ▶ ● 利用零碎時間來背生詞。
● 先設定何時屬於零碎時間，以及要背多少內容。
● 養成習慣很重要。

by 安堂 裕樹

　　背生詞往往很單調乏味，又無法立刻看到成果，所以如果可以我實在不想背。而且想長時間背誦時，也很難一直保持專注。因此我要介紹高中時代所採用的方法——利用零碎時間集中精神背生詞。

事先設定「時間」和「目標數量」很重要

　　我把日常生活（尤其是平日）中的零碎時間設定為用功時間。比如午休時間，或放學後到課外活動之間的空檔，若是通勤上學的人還有搭車的時間等，不妨設定在**每天同一時間固定會有的零碎空檔**。若是沒有零碎時間的人，利用回家後的十五分鐘、睡前二十分鐘等也無妨。時間不要過長，最好是十～二十分鐘左右。

　　其次是定出在這段時間中要背的生詞數量。例如，有十分鐘的零碎時間就背五個生詞，二十分鐘就背十個。決定後，就在那段零碎時間內，把目標數量的生詞背起來吧！

　　把零碎時間用於學習的人應該不少，但似乎有不少人只是很隨性地隨便念念。像上述這樣**定出「時間」和「目標數量」**，可以讓人集中精神，更有效率地努力背誦。

定出時間、目標數量並養成習慣

利用搭車的十五分鐘背
十五個英文單字吧!

這種學習法的優點如下:

● 利用的是零碎時間,能做到時間的有效運用。
● 企圖以很短的時間達成目標,注意力會提高。
● 每天同一時間進行,比較容易養成習慣。

關鍵詞是「養成習慣」

最後提到的「養成習慣」對背生詞來說尤其重要。我們無法在短時間內記住大量的生詞,因此必須日復一日孜孜不倦地背誦。但總是會有完全提不起勁的日子,這時**建立每天利用零碎時間的習慣,對於持續學習來說幫助非常大。**

我是通勤上下學,所以會在搭車回家的二十分鐘時間使用這套學習法。一天不過二十分鐘,但一年下來我背完了一整本英文單字(約兩千個生詞)。

總結 零碎時間能夠積少成多。
養成習慣,累積生詞量吧!

 高中的回憶 說到養成習慣,高中時我有每天跑步三公里的習慣。

No.003

上下學
途中可

持續下去
效果大

適合零碎
時間

可以
很愉快

想考頂大
者必看

比整理筆記簡單！
黑白影印問題集

POINT
● 把筆記本和課本黑白影印一份。
● 用黑筆把想記住的部分塗掉。
● 熟讀到能夠對別人說明。

by 小林 星

整理筆記的過程，內容並不會進入腦中

恐怕很多人在考試前都會「整理筆記」，視它為最貼近自己需要的念書工具吧？我以前也會整理筆記。整理筆記時會有種自己正在用功的感覺，而且把筆記重新整理得漂漂亮亮的也很快樂，不知不覺便花了很多時間。

不過，有一次我發覺，我雖然把筆記整理得很漂亮，但最要緊的內容卻沒有記在腦中。那是當然的。**因為整理漂亮的筆記屬於不需要用腦的單純作業**。如果在整理筆記前沒有先重讀一次，筆記的內容不會進入腦子裡。

意思就是說，用很短的時間整理完筆記，早點進入反覆練習階段才是理想的學習法。

筆記整理好之後才是重點

注意！
把筆記整理得很漂亮
並不等於學習！

只需把影本塗黑便是自製問題集

　　我身體力行的快速筆記整理術是把筆記或講義影印一份，將想要背起來的地方塗黑，做成獨一無二的問題集。步驟如下：

❶　把課堂上的筆記、講義或課本的考試範圍黑白影印一份。

❷　用黑色粗簽字筆把❶的影本上想記住的部分塗掉。

❸　反覆閱讀，讀到能夠流利地講出塗黑的部分。

　　不知道答案就查閱課本或筆記。**慢慢地便能應付單純填充題以外的論述題**。

　　做到有朋友問你「我不知道這問題要怎麼回答？教我！」時，可以講解得很流暢，就算成功。

　　這麼做可以讓自己確實理解要怎麼解答問題，就算考試遇到換個形式的應用題也能不慌不忙地作答。

反覆練到講得出來

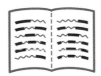

黑白影印

對答案

總結　防止其實並未徹底理解內容，卻以為已經理解的情況發生，知識的扎根率也會上升。

高中的回憶　女校在情人節會互換巧克力，那是我人生中最受歡迎的時期！（50多個）

No.004

上下學途中可　持續下去效果大　適合零碎時間　可以很愉快　想考頂大者必看

背好馬上確認！
即刻復習背誦法

POINT
● 左右對開頁的背誦和交替確認。
● 反覆「背好兩頁馬上復習前兩頁」。
● 確實記住每一個段落。

by 服部 篤樹

邊回頭確認邊背

　　許多人在背英文生詞和古文生詞時會利用生詞本。不過大多數的情況是，只看一遍幾乎忘了大半，十有八九連第一頁的生字都不記得了。這樣的話毫無意義。

　　因此，我會一邊**背誦**一邊反覆**確認**是否記得前面背誦的內容，像以下這樣利用生詞本。

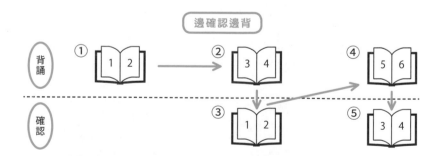

① 背左右對開的兩頁。
② 背下兩頁。
③ 回頭檢查是否記住①的兩頁。
④ 背②的下兩頁。
⑤ 回頭檢查是否記住②的兩頁（如此反覆）。

分段背更加確實

這樣的做法和看完一遍再確認是否記住不同，是看完兩頁馬上確認，所以不會有完全沒記住的狀況。還會因為感覺到生詞已熟記在腦中，而繼續背得更起勁。

況且，**頻繁地執行背誦（INPUT）和確認（OUTPUT）**的話，背誦就不會變成「只是單純的閱讀作業」。為什麼呢？因為讀完後要回想出剛才背的內容，所以會增強背誦的意識。

依此步驟背完一遍時，再像下面這樣做吧！

❶ 以一章或一百頁等為一個單位，適當地分段。

❷ 每一段落都重複按照上述介紹的步驟背誦。

❸ 最後檢查整個段落，全部記住的話就繼續背下一個段落。

這麼做就能扎扎實實地記住每一個生詞，而不會發生讀完一遍時完全不記得前面的情況。

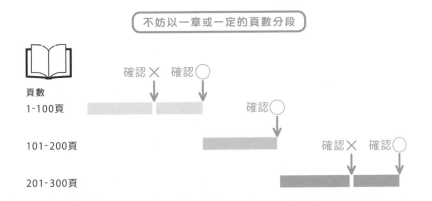

不妨以一章或一定的頁數分段

確認╳　確認○

頁數
1-100頁

確認○

101-200頁

確認╳　確認○

201-300頁

總結　增加回想的頻率就能提高背誦效率！

高中的回憶　未事先約好就騎著腳踏車到處去朋友家拜訪，總共騎了100公里。

No.005

上下學
途中可　持續下去
效果大　適合零碎
時間　可以
很愉快　想考頂大
者必看

花數日讓頭腦記住的背誦術

> **POINT**
> - 當天背過的生詞連續幾天重背。
> - 設定備用日，以免計畫失敗。
> - 推薦給不擅長背誦的人。

by 安堂 裕樹

背了又忘記

要背的英文生詞和古文生詞數量龐大，每天一點一點慢慢背是很理想，可是只背一次的生詞會變成短期記憶，過幾天很快就忘記，還要擔心自己真的有辦法每天不間斷地背生詞嗎？

因此我要為各位介紹我實際執行的**連續數日接觸同樣生詞，並加設備用日的手法**。

回溯背過的生詞

首先設定一天要背的生詞量和復習天數，接著設定備用日的間隔和天數。每天除了背當天要背的生詞之外，還要依設定的復習天數重背之前背過的部分。備用日是在無法熟記時作為補救之用，如果計畫順利就當作休息日。

效果之差
一目了然

✗ 過幾天就忘記之前背過的生詞！

今天要繼昨天之後再背十個生詞。

〇 連續幾天接觸同樣的生詞會形成長期記憶！

今天要復習昨天背的十個生詞，然後再背十個生詞！

可以照著計畫記在腦中

這種背生詞的方法優點如下：

❶ 連續幾天記同樣的生詞，比較容易變成長期記憶留在腦中。
❷ 設有備用日，使計畫不容易失敗。

　　舉個例子，假設一天要背十個新的英文生詞，復習兩天，備用日的間隔和天數各自是五天和兩天（每隔五天會有兩天的備用日）。首先，第一天背No.1-10的英文生詞。第二天要背No.11-20的生詞，外加復習第一天背過的生詞，所以要背No.1-20的生詞。同樣的，第三天要背No.1-30、第四天要背No.11-40、第五天要背No.21-50的生詞。第六和第七天是備用日。由於復習天數是兩天，所以第八天以後就是No.31-60、No.41-70、No.51-80……。用這種背法，每個生詞都可以連背三天，**比較容易形成長期記憶留在腦中**。

（七天背誦計畫）

第一天	第二天	第三天	第四天	第五天	第六天 （備用日）	第七天 （備用日）
No.1-10	No.1-10	No.1-10			No.1-10	
	No.11-20	No.11-20	No.11-20			
		No.21-30	No.21-30	No.21-30		
範例 ●復習天數：兩天 　　●備用日的間隔：五天 　　●備用日的天數：兩天			**No.31-40**	No.31-40		
				No.41-50		

※藍色字表示復習。

　　利用這種手法，四個星期可以背200個生詞，月底時測驗一下是否記住這200個生詞，會更加強記憶。

　　這裡提到的生詞數和備用日只是舉例，想在短時間內背很多生詞的朋友，可以增加一天要背的數量。

總結	每天接觸同樣的生詞，記憶固著率會格外上升！ 回溯背誦很重要。

No.006

養成復習三次的習慣

POINT
● 考試之前要把背誦的內容復習三次。
● 固定在三個時間點做復習，並建立習慣。
● 減輕考試前的負擔。

by 小林 星

養成復習三次的習慣

背誦這檔事總之就是很辛苦，而且一旦要背的量很多更是累人。再說，就算重讀幾個月前上課做的筆記或課本，老實說幾乎都忘了，這種情況很常見不是嗎？

因此，我的應對策略是**養成復習三次的習慣**。就是上課教的內容一定復習三遍，而且**在固定的時間點復習並養成習慣**。

我都在以下三個時間點復習：

● 第一次……上完課當天
● 第二次……上完課的一星期後
● 第三次……考試前兩星期

理想的復習時間表

第一次 上完課當天 ▶ 第二次 上完課的一星期後 ▶ 第三次 考試前兩星期

也許有人覺得要復習三次負擔很重，可是為了確實記在腦中，一次又一次地復習是最好的做法。何況說是復習，其實不必花很多時間，只要重讀上課的內容，像小考前那樣記住考試範圍內的生詞就沒問題了。

若能養成習慣，考試前會比較輕鬆

這種學習法的優點可歸納如下：

● 養成復習的習慣，讓知識更容易留在腦中。
● 由於在開始用功準備考試時，已經復習過幾次，考前自然不會焦慮，背誦情形也會日有進展。

如果能在固定的時間點復習並養成習慣，就不會覺得辛苦。

程序為：復習前一個星期上課的內容後去上課，回到家再復習當天上課的內容。基本上就是反覆這樣做，考試前兩個星期再做總復習。

只要這樣復習，肯定會大幅減輕背誦類科目的負擔，請各位務必試試看！

能以萬全的狀態面對段考

基 本

復習前一次的內容 → 上課 → 復習當天的內容

&

考試前兩週做總復習

總結	若能在固定的時間點復習並養成習慣，考背誦類科目前就不必焦慮！

高中的回憶　因年級間的對抗而沸騰起來的運動會，我所屬的年級在高二、高三連兩年奪冠！

國 數 英 社 理

No.007

上下學途中可 | 持續下去效果大 | 適合零碎時間 | 可以很愉快 | 想考頂大者必看

一定要記住的內容
設成智慧型手機桌布

POINT
- 把要背的內容設成智慧型手機的待機畫面。
- 因為會一再看到，一定記得住。
- 已經記住的部分也用相簿功能儲存起來。

by 松下 天風

利用智慧型手機的桌布背重點

　　各位一天使用智慧型手機的時間有多長？它不僅是聯絡的工具，還用來查資料、玩遊戲等，相信大家接觸手機的機會一定很多。我也是有時間就會不經意地滑起手機。正因為每天使用的次數很多，有效利用手機來學習應該是不錯的點子。所以這次我要介紹利用手機桌布背重點的方法。

　　做法非常簡單。**就是以截圖方式或用相機功能拍照，把自己想背的公式、生詞等設成手機桌布。**

把背誦事項設成智慧型手機的桌布

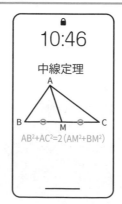

12:21

・德拉克洛瓦
・法國七月革命

10:46

中線定理

$AB^2+AC^2=2(AM^2+BM^2)$

01:23

體心立方晶格

原子數　2
配位數　8

　　像這樣把想記住的重點設成桌布時，有幾點要注意。

　　第一是，定期將桌布更換成其他要背的重點。人每天看到同樣的東西，會漸漸對那樣東西感到麻木。如果一直使用同樣的桌布，就會愈來愈少去看它，以至於不太記得住，所以要定期更新桌布。

　　第二，**別只有句子或文字，要把含有圖、畫等的畫面設成桌布**。假如把背誦事項寫成長長一篇文章，在看到手機螢幕的瞬間也不會想要閱讀。選一張讓人容易留下印象的畫或是圖形、圖片之類的吧！

　　順帶說一下，我的朋友為了記住歷史人物，曾把偉人的肖像設成桌布。

背過的桌布要存成相簿

　　背過的桌布不要刪除，建立「背誦專用相簿」之類的，全部存在一個文件夾裡。因為就算很努力地背也有可能忘記，若能把它變得隨時可以回顧，便成了備忘卡。

　　動腦筋想花樣，可以靈活運用智慧型手機的桌布來背重點的話，那麼使用手機的零碎時間也能用來讀書！

總結　**每次看手機就會注意到要背誦的內容！**

高中的回憶　冬季耐力跑中，體育老師自己穿得很暖和，那真的很詐！

國 數 英 社 理

No.008

上下學途中可 | 持續下去效果大 | 適合零碎時間 | 可以很愉快 | 想考頂大者必看

背誦的祕訣在於輸出

POINT
- 要比輸入更注重輸出。
- 利用各種方法做輸出。
- 輸入、輸出成組搭配著做,記憶會更加牢固。

by 安堂 裕樹

沒有輸出稱不上熟記

輸入作業指的是把背誦事項記在腦子裡,輸出作業則是把記在腦中的背誦事項提取出來。

比方說,記住歷史人物的名字和他所做的事情即是輸入,而透過問題演練回答其人其事,或向別人說明記住的內容即相當於輸出。

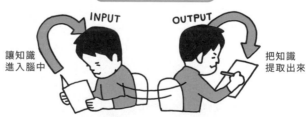

輸入和輸出的不同

INPUT　　　OUTPUT

讓知識進入腦中　　　把知識提取出來

為了記住單字、年代、文法等背誦事項不能沒有輸入,但有意識地進行輸出的人大概不多吧?

不過,輸出比輸入更重要。為什麼呢?因為**藉由輸出可以讓輸入腦中的背誦事項更加深植於記憶中**。另外,段考答題也是一種輸出,所以背誦時預先練習輸出,就能防止考試時無法把輸入腦中的知識提出來用。

　　那麼，具體上應該怎樣輸出才好呢？以我為例，我經常做以下的練習：

● 練習做背過範圍的題目。
● 用口頭說明背過的內容。
● 寫出背過的內容。
● 依背過的範圍自己設計問題。

利用各種方法輸出，增強記憶

　　別只用一種方法輸出，**要把上述的幾種方法運用於同一個背誦事項**，以提高背誦的效果。

　　比方說，古文文法全部背完後，試著寫文法問題、說出背過的文法、把背過的文法全部寫出來、想一想可能設計出怎樣的陷阱題，這樣記憶的固著度就會顯著提升。

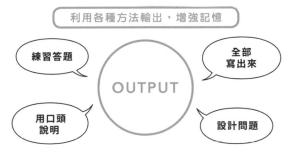

利用各種方法輸出，增強記憶

練習答題　　全部寫出來

OUTPUT

用口頭說明　　設計問題

　　這項輸出作業可用於所有背誦科目，投入許多時間背誦還是記不住的朋友，請一定要試試看！

總結　　只要加上輸出，記憶的固著度就會顯著提升！

高中的回憶　應試期唯一的樂趣，是每天租一本漫畫和朋友一起看。

No.009

上下學途中可 持續下去效果大 適合零碎時間 可以很愉快 想考頂大者必看

演練→背誦→演練，邊理解邊背

POINT
● 利用問題集做過一定程度的演練後再開始背誦。
● 依問題集→生詞本→問題集的順序進行。
● 這麼做會更快記住用語。

by 中島 悠夏

不懂意思的生詞等同暗號？

背生詞、用語，和練習寫問題集，孰先孰後？我是**先練習做題目再背誦**。接著就來說明具體的學習順序吧！

首先，課本和筆記都不要看，**先寫問題集**。之所以建議一開始什麼都別看就解題，是因為一旦看了課本，思考的時間就會變少，使記憶的強度下降。曾經答錯或不懂的問題，才會記得更牢固。

然後，**看著課本和筆記再一次仔細解問題集**。一再重複這個過程，反覆練習。

大部分都理解之後再開始背誦。**反覆地看生詞本和用語集，慢慢把內容記到腦中吧！**

最後，待熟記到應答如流的地步，**就用一開始使用的問題集做確認**，結束一整套的學習。

連同流程一起記住

問題集　筆記　參考書　課本　→　生詞本　→　問題集

先演練便能理解意思

依這樣的順序學習的好處在於，可以正確理解並記住用語的意思。

在未正確理解意思的情況下硬背，與單純的記暗號無異。只是像暗號那樣記住的話，遇到稍微困難的問題便答不出來了，不是嗎？

為了不變成那樣，應當先演練，理解意思之後再背。熟記的知識要會運用，否則便失去背誦的意義了。

邊演練邊背可以確認前後關係，有系統地記在腦中，因而變得更有能力處理應用問題。

為了掌握用得出來的知識，建議演練幾次之後再開始背誦。

先演練，知識也會變得有條理

大膽地從演練開始，背誦和理解都會變得比較容易！

問題集

總結　先反覆演練再開始背誦，
可以正確理解內容並作為有用的知識記住。

No.010

 上下學途中可 持續下去效果大 適合零碎時間 可以很愉快 想考頂大者必看

背誦時不使用螢光筆和標籤貼紙

 POINT
- 螢光筆和標籤貼紙不用於背誦。
- 以鉛筆做記號確認是否記住。
- 可以依記號選擇復習方式。

by 安堂 裕樹

生詞本禁用螢光筆和標籤貼紙

有人會用色彩鮮豔的螢光筆在生詞本上塗色，也有人是貼滿標籤貼紙，對吧？使用螢光筆和標籤貼紙乍看之下好像對背誦很有效，但其實反而是非常沒效率的方法。

螢光筆和標籤貼紙有下列缺點：

螢光筆的缺點	標籤貼紙的缺點
・一旦做了記號就無法消去。 ・用螢光筆標註還沒記住的生詞，就算記住了記號也會一直存在，分不清是否背好了。 ・用螢光筆標註已記住的生詞，但記住了也可能忘記。	・生詞本上貼了大量的標籤貼紙會變得很雜亂。 ・在還沒記住的生詞上貼標籤貼紙，打算背好了就拿掉，可是怕會忘記所以一直沒取下標籤。 ・取下標籤後分不清哪裡貼過標籤。

螢光筆

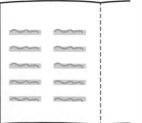

標籤貼紙

會無法分辨哪些部分已經記住。

鉛筆是背誦的最強工具！

基於以上理由，建議別用螢光筆和標籤貼紙。單純一點，**用鉛筆或自動鉛筆做記號來判斷是否已經記得了就好**。

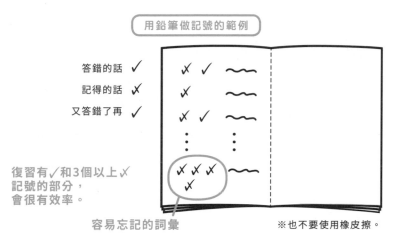

用鉛筆做記號的範例

答錯的話 ✓
記得的話 ✗
又答錯了再 ✓

復習有✓和3個以上✗
記號的部分，
會很有效率。

容易忘記的詞彙　　　　　　※也不要使用橡皮擦。

》優點

這種背誦法的優點，是可依時間充裕與否和不安的程度改變復習方式。我會像下述這樣採用不同的復習方式。

● 沒有時間→只復習有✓的部分。
● 有時間→復習有✓和3個以上✗記號的部分。
● 怕忘記+有時間→復習有✗記號的部分。

用綠色螢光筆標註、再以紅色透明板遮住標色部分的做法當然也很好，但不妨試試利用鉛筆標示是否記住生詞！

總結　「刻意」不使用螢光筆和標籤貼紙，巧妙地利用鉛筆來背重點吧！

 高中的回憶　對怕熱的我來說，夏季期間在校內可以穿便服真是太感謝了。

No.011

上下學途中可 / 持續下去效果大 / 適合零碎時間 / 可以很愉快 / 想考頂大者必看

只需紙和筆的
樹狀圖背誦法

POINT
- 只需要白紙和筆就能做。
- 把自己腦中所有的知識寫出來。
- 製作樹狀關係圖。

by 小林 星

畫樹狀圖確認是否記住

　　有時候我們在考試時會一直想不起來原本記得的生詞，到最後寫不出來，我想這是所有人都有過的經驗。原因是我們確實記得大概，但沒熟記到考試時可以馬上回想起來，並在答案紙上作答的程度。

　　因此，我不會傻傻地看課本或筆記硬背，而會**練習把背過的內容從腦中提取出來、寫在紙上。**

　　步驟如下：

① 準備較大的素面白紙和一支筆。

② 試著回想應當背誦的生詞，然後寫出幾個突然想到字詞。

③ 源源不斷地把腦中與那些字詞相關的字彙和知識寫出來，直到覺得把全部背誦的內容都寫出來為止。

④ 寫不出來或不會寫的，就查看課本或筆記。

正適合作為輸出練習

歸納起來，這種學習法的優點如下：

● 可以清查出記憶不夠牢固、無法寫出的部分。
● 把腦中的知識寫在紙上可以作為輸出練習。

這與考試中所做的事並無二致，考試前預做練習，可以事先掌握答題時不易想起的字詞和知識，更有效地熟記這部分。

再說，考試時才進行知識輸出的話，會因為不習慣，使得好不容易記住的內容想不起來而不會寫，或不能發揮實力。因此**考試前就要反覆地練習輸出**，才能更快地想起背誦內容，發揮實力。

練習初期也許不如預期，很容易因無法將紙張填滿而覺得自己背得不夠、感到沮喪。但你放心！只要反覆練習，任何人都能源源不斷地輸出！

同素異形體的樹狀圖範例

用「同素異形體」來進行聯想吧！

鑽石 石墨 富勒烯 C 彈性硫 單斜硫 S 斜方硫 同素異形體 氧 臭氧 O 黃磷 P 紅磷

總結 考試前練習輸出，可使背誦內容牢記於腦中，進而能夠發揮實力。

高中的回憶 我參加管弦樂社拉小提琴，曾經在很大的舞台上演奏，非常開心！

No.012

上下學途中可 | 持續下去效果大 | 適合零碎時間 | 可以很愉快 | 想考頂大者必看

筆記彙整成一本

POINT
- 不要分課堂筆記和復習筆記。
- 彙整成一種筆記。
- 這麼做可以有效率地復習。

by 中島 悠夏

以課堂筆記為基礎進行彙整

　　各位在重寫考卷時是不是會做筆記？我覺得為了重新檢視錯處確實該做筆記，不過在做法上有一點要注意，就是**要把復習筆記融入課堂筆記中**。

　　那麼，要如何把兩種筆記彙整成一本筆記呢？

　　首先，上課時照正常的方式在筆記本的格線部分做記錄。考完後檢討考卷時發現的重點、課堂上未提到但看課本時發現的重點、筆記內容的具體背法（如背年代的口訣）等，則寫進課堂筆記相關內容的空白處（如格線外等）。

活用課堂筆記的頁面補記重點

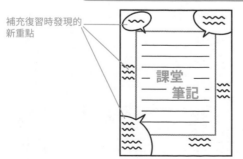

補充復習時發現的
新重點

課堂
筆記

※上課做筆記時不
妨預留空間。

所有資訊彙整成一本的優點

這樣做筆記的優點是，**看一本就能通通復習到**。

假使課堂筆記和復習筆記沒有彙整成一本，考試前想要重看就得攤開兩本筆記本才行。不僅佔空間又花時間，可能看到一半就放棄了。

但如果只需要看一本，一定能稍微減輕心理上的壓力。此外，把上課的重點整理和復習時注意到的重點全部彙整在一本筆記的同一個頁面裡，就不會出現「我明明有記下來，但是記在哪裡呀？」的情況，可以更有效率、毫無遺漏地復習。

只是稍微多用點心，復習起來就能方便許多，不妨一試。

把所有資訊彙整成一本吧！

該看的筆記全部整理成一本！

背誦筆記　　備忘筆記

演練筆記　　復習筆記

課堂筆記

總結　把各種筆記全部整合成一本，
可使復習變得有效率且毫無遺漏。

高中的回憶　我的母校居然是以鳴放警報取代上課鈴聲。起初覺得很可怕。

國 數 英 社 理

No.013

上下學途中可 | 持續下去效果大 | 適合零碎時間 | 可以很愉快 | 想考頂大者必看

課堂上先記下關鍵字

POINT
● 上課時先記下重要的字詞。
● 只記錄真正重要的關鍵字。
● 考試前做確認。

by 小林 星

平常就記下大量的關鍵字

　　許多人就算想要開始準備考試，也很難靜下心來，對吧？考試範圍要看的課本和筆記量十分龐大，之前的上課內容又記憶模糊，使得準備考試的起步不順，最後因此受挫，各位難道沒有過這樣的經驗嗎？

　　為此，我會**另外準備活頁紙，記下課堂上提到的關鍵字**，以有效率地做好應考準備。步驟如下：

❶　每一科各自準備活頁紙，直向對半折。

❷　上課時記下重要的字詞。

❸　考試前將活頁紙的內容大致看一遍。

　（如果有忘記的字詞，就查看課本或筆記復習。）

　　上課中要記下的，只有老師指出的重點和講課時特別強調的部分。雖然明白有人會很想把感覺重要的關鍵字全部記下來，可是那樣數量會過於龐大，無助於提高效率。

另外準備活頁紙

活頁紙上只記老師強調的關鍵字。

課堂筆記　　　　　筆記用活頁紙

練習「回想並寫出來」

　　正式考試時才進行知識輸出的話,常常會因為不習慣輸出而想不起來。那樣的話,好不容易用功背了半天,意義卻減半。別只是記下關鍵字,半時也練習輸出吧!

　　我把這種學習法的優點整理如下:

● 考試前可以練習「回想並寫出來」這種與考試幾無二致的作業。

● 可事先了解考試時容易忘記的字詞和知識,更有效率地進行背誦。

　　正式考試前反覆練習輸出,練習回想背誦的內容,慢慢就能發揮實力了!

　　剛開始可能會不如預期,無法把紙張寫滿,難過自己背得不充分,但不要緊!只要反覆練習,任何人都能源源不斷地輸出!請務必試試看!

> **總結**　考試前練習輸出,就能牢牢記住背誦的內容,使實力得以發揮。

高中的回憶　因學校的例行活動,可以和大家一起去東北地區、廣島、京都和奈良旅行,非常好玩!

國 數 英 社 理

No.014

上下學途中可 | 持續下去效果大 | 適合零碎時間 | 可以很愉快 | 想考頂大者必看

用上聽覺、觸覺的背誦法

POINT
● 藉「朗讀」、「觸摸」提升記憶力。
● 出聲朗讀生詞本，利用聽覺來背誦。
● 將難記住的生詞與手指做連結，幫助記憶。

by 服部 篤樹

視覺以外的感官也用來記憶

　　光是看參考書，生詞、年代等資訊並不會存入腦中。以為記住了，但再次確認時常常想不起來，對嗎？這種時候就再花點心思吧！介紹我身體力行的「五感背誦法」。

　　為何需要「動用五感來背誦」呢？因為一般說來，**使用的感官愈多，愈能活化人腦的運作，使記憶更容易轉為長期記憶**。換言之，單單使用視覺默記，記憶很難在腦中扎根。所以我在背誦時還會利用聽覺和觸覺。

≫ 朗讀（聽覺）

　　英文單字或古文等，語言類的背誦要念出聲音。朗讀是一種既簡單又可同時運用到視覺和聽覺、強而有力的學習法。聽到自己發出的聲音，可以輸入更多的訊息，讓人不僅以文字的形式，更以聲音的形式記憶單字。訊息愈多，回想時的線索便愈多。

≫ 手指法（觸覺）

　　手指法的意思是，**把應背誦的事項與手指做連結，每當碰觸那隻手指便想起那個背誦事項**。

　　比方說，大拇指代表「look up＝查閱」，食指代表「consent＝同

意」……像這樣把背誦事項和手指做連結，每次碰觸那隻手指就回想它所代表的背誦事項。

與手指互相扣連記憶

consent

-...

把要記的事項與各個手指做連結。

　　這種方法利用到朗讀不會用到的觸覺，與朗讀合併使用可望達到更好的效果。

　　不但如此，它更充分利用「位置訊息很容易轉為長期記憶」這項人腦的特性，對背誦務必記住的事項來說很有用。

搭配運用效果更好

　　我的做法是，先在家裡利用朗讀的方式背英文單字等，隔天再利用手指法背實在記不住的單字，慢慢讓背誦事項全部轉為長期記憶。

　　各位也試著運用五感有效率地背誦吧！

別光用看的，要多多利用五感！

consent

consent

聽覺

觸覺

總結　盡可能利用五感有效率地背誦！

高中的回憶　高二時曾一連幾天和朋友玩桌遊玩到深夜。

No.015

上下學
途中可

持續下去
效果大

適合零碎
時間

可以
很愉快

想考頂大
者必看

利用睡著前的時間
進行睡眠背誦法

POINT
● 晚上就寢前看要背的內容。
● 入睡前在腦中反覆回想背誦事項。
● 早晨醒來後再次檢查背誦內容。

by 松下 天風

入睡前的時間也是零碎時間

　　各位都很好入睡嗎？我不太容易入睡。通常躺在床上到睡著要花不少時間。大多數人在入睡前的這段期間，只是閉著眼睛一動也不動，是吧？不過覺得「這段時間什麼事也不做很浪費」的我，身體力行的是「睡眠背誦法」。

　　雖然名為「睡眠背誦」，但並不是像一般所謂的睡眠學習，即睡覺時聽錄好的聲音檔那一類的學習法。正確來說，是**將入睡前的零碎時間用來背重點**的背誦法。

睡眠背誦法的做法

　　首先，這種背誦法利用的是「人腦在睡眠期間，會讓當天發生的事在記憶中固定下來」的特性。

❶　就寢前確認想記住的內容。

❷　鑽進被窩到入睡前，反覆回想想記住的內容。

❸　早晨醒來後，再次確認想記住的內容。

　　非常簡單，對吧？就是利用睡覺前後的時間背重點。

背誦3步驟

就寢前背重點。　　　　入睡前反覆回想。　　　　檢查是否記住了。

睡眠背誦法包含隔天早晨的確認！

　　這種背誦法的關鍵在於，**隔天再次確認前一晚背誦的內容**。睡前一再反覆背誦，「隔天早上卻忘記」，那就太可惜了。因此，隔天早上檢查背過的內容、即時補救未能在睡眠中扎根的記憶很重要。

　　這種背誦法對任何科目都有效。不論是生詞或是化學反應式，有務必牢記的重點時不妨一試。

　　我是用它來背世界史很難記住的人名、地名等。像「馬可·奧埋略·安東尼」這種又長又複雜的人名，不反覆背誦根本記不住，但利用睡眠背誦法很快就背起來了。

總結　　**連鑽進被窩到入睡前的時間都要用來背誦！**

高中的回憶　高二的夏天，我到美國留學一年，上當地的高中。

No.016

上下學途中可 持續下去效果大 適合零碎時間 可以很愉快 想考頂大者必看

現代文也要背誦

POINT
● 現代文的字彙更是重要。
● 學會看懂困難的現代文題目。
● 利用現代文的生詞本背誦字彙。

by 林 伊吹

現代文的字彙也很重要

很多高中生都不知道該怎麼準備現代文（白話文）。恐怕還有不少人覺得那是用國文（中文）寫的文章，不必特地準備也能作答吧？不過這樣的人，段考或模擬考的成績肯定很不穩定。所以我要介紹一種現代文的學習法，那就是背誦現代文的字彙。

現代文同英文、古代經典等，都是以閱讀理解為主的科目。為了理解文章，英文和古代經典要背單字、成語和諺語。**而想要讀懂現代文的題目，同樣需要字彙**。因此，讓我們先熟記現代文的重要生詞和經常出現的字彙，學會理解題目的文意吧！之後再學文章的結構也不遲。

和英文、古代經典一樣，現代文的字彙也很重要

增加字彙量 ▶ 正確讀懂題目 ▶ 分數穩定

現代文更要注重字彙的理解

現代文的字彙學習有兩個目的：

① 熟記艱澀語詞，增加字彙量。
② 掌握日常生活中一知半解字彙的正確意思。

第②點尤其重要。日常生活中，由於講話的內容和脈絡比較容易理解，即使不清楚知道字詞的意思也很少造成妨礙，但現代文的行文一旦晦澀難解，連要推測字詞的意思都沒辦法。結果就是，**缺乏對字彙的理解，文章由不認識的生詞堆砌出來，讓人不明白整篇的文意**。

一知半解的情況下無法讀懂現代文的文章

意識形態？
演繹法？
歸納法？
主體？
客體？
偏誤？

利用市售的生詞本

一起來利用生詞本理解現代文的字彙吧！生詞本不僅彙集了考試中經常出現的字彙，還將日常生活中「知其然不知其所以然」的字彙整理得簡單易懂。各位可以試著找尋自己心目中的理想書單。

總結	現代文的閱讀理解很重要！ 熟記經常出現的詞彙，也能正確理解題目的意思！

 高中的回憶 花40分鐘（單程）和朋友一起騎腳踏車上下學，是很美好的回憶。

No.017

上下學
途中可

持續下去
效果大

適合零碎
時間

可以
很愉快

想考頂大
者必看

不懂的字詞要先
推測意思

POINT ● 文章中的生詞要徹底查明涵義。
　　　　 ● 在查之前先推測意思。
　　　　 ● 推測意思可以加強記憶。

by 中島 悠夏

記住解釋也沒用？

　　各位平常是如何背單字的呢？正統的背法應該是利用生詞本吧？可是我不太會利用生詞本背單字。

　　因為只是一味地記住英文或古文的生詞，以及其對應的解釋，常常**不能按記住的解釋直接套用到文章裡**，感覺只照著生詞本背誦意思很難有效用來解題。

推測意思可加強記憶

　　這樣的我所採用的背單字法，**是徹底查明文章中出現的生詞意思再背**。這方法也許很普通，但非常重要。不僅是完全不認識的生詞，連大致猜得到意思但不太有把握的詞彙，也要翻遍辭典徹底查明涵義。有時查閱之下才發覺與自己猜測的解釋不同，因而得以深化學習。

　　這裡有一點很重要，**查之前請務必推測那個生詞的意思**。即使是不認識的字詞也要試著思考其涵義。試著依前後文的脈絡去猜測，有時就算不認識也能領會。

　　像這樣思考並推測生詞的意思可加強記憶，這點已經得到證實。會推測字詞意思的人據說單字測驗的正確率將提升近50%。

一定要推測字詞的意思

● そらごと＝謊言

「空」耳？

そらごと的漢字是「空耳」。

空耳的意思是「彷彿聽見實際不存在的聲音」。

也就是「謊言」的意思……？

● ゆくりなし＝突然

直接翻譯的話是「不悠閒」的意思……

和「快速、冷不防」意思一樣嗎？

領會在文章中的意思

　　這種背誦法的優點是具有實用性。在回想字詞的意思時，會一併想起有那個字詞的句子，所以很容易就能回想字詞的意涵。由於能夠回想起「用在這句裡是這樣的意思」，所以是對實際閱讀來說很有用的背誦法。

　　不擅長利用生詞本背單字的人，請一定要試試看！

總結　　**比背生詞本更實用的背誦法！**

高中的回憶　一週晨練四天，還有每天放學後的練習、假日的練習……雖然辛苦，卻是無可取代的回憶。

No.018

以籠統的意象掌握英文單字

POINT
- 背英文單字時不要直接記它的意思。
- 以大略的意象記住英文單字。
- 使用辭典和資料建立意象。

by 松下 天風

利用籠統的意象掌握整體

　　我想有不少人很怕背英文單字。覺得背單字很麻煩的原因之一是，一個英文單字有好多個意思，要花很多時間和工夫才能正確記住每一個意思，最重要的是根本記不完。

　　因此，我要推薦大家**利用籠統的意象掌握英文單字**的方法。

　　舉「contact」這個單字為例。

　　「contact」這個單字作為名詞，有「接觸、接點、貼緊、關聯、關係、交流」等意思；作為動詞則有「與～碰觸、聯絡、接觸」等涵義。要全部記住這些意思可不得了。

　　我對「contact」這個字懷有「人和人擊掌」的意象。

　　由這個擊掌的意象可以聯想到，人與人以手作為「接點」、「碰觸」、「緊貼著」，又藉著擊掌使兩人產生「關聯」、「關係」、「交流」。並能聯想到兩人既然是會擊掌的關係，肯定互有「聯絡」吧。

contact的意象

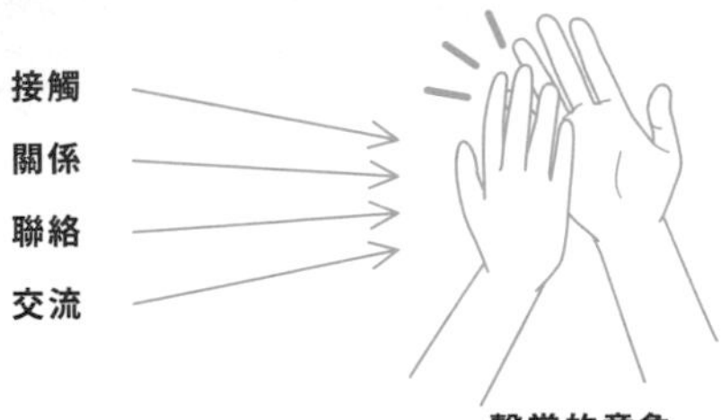

接觸
關係
聯絡
交流

擊掌的意象

　　這裡所舉的只是一個例子，只要自行建立這樣的意象並且能夠記住，即可藉由一個意象聯想出數種意思，幫助你更有效率地記住單字！請各位一定要嘗試透過籠統的意象來背單字。

建立意象的方法

　　我是先利用英和辭典查單字，再想像一個畫面。列出英文單字含有的多種意思，再根據共同的特徵建立它的意象吧！

　　另外，英文單字的意象本身並無對錯的問題。只要能從自己建立的單字意象聯想出正確的意思就OK了。

　　自己建立意象有困難的人，查單字的詞源再發揮想像力也是一個辦法。

　　若想根據詞源建立意象，建議各位讀者可以找找相關書籍來閱讀。

總結　　將英文單字代表的多種含意與一個籠統的意象建立連結，可更有效率地記住單字！

高中的回憶　我是騎腳踏車上下學的，所以下雨的日子總希望學校能夠放假。

國 數 英 社 理

No.019

上下學
途中可

持續下去
效果大

適合零碎
時間

可以
很愉快

想考頂大
者必看

英文整句背誦法

POINT
● 在背英文句子的過程中慢慢記住單字和片語。
● 背下生詞本的例句。
● 若加上朗讀和聆聽，效果更好。

by 小林 星

從一個句子獲得許多學習

　　各位平常背單字是不是都一個字一個字分開來背呢？每個字都要邊翻生詞本邊查看解釋，然後一個一個地記下那些單字？這種背法，要背的單字量會變得很龐大，有再多時間都背不完。

　　其實只要背一句包含數種單字、片語和文法的英文句子就行了！這樣的話，**背一個句子就能同時學到多種知識**。

　　怎麼說呢？我舉個例子。請看下面這句英文。

After entering college, Annie found it difficult to live on the small amount of money she received as a scholarship, so she started working on weekends.

[翻譯] **安妮上了大學之後，發現很難靠微薄的獎學金過生活，於是開始在週末打工。**

　　這一個句子裡，其實就包含了許多單字和片語。

- find it difficult to do　「發現很難～」
- live on　「靠～生活」
- small amount of　「少量的」
- scholarship　「獎學金」

　　背下一整句像例句這樣的英文句子，遠比分別背這四個單字和片語容易得多，又不容易忘記。再說，因為是整句背，不僅學到單字和片語，還學到用法，對寫英文作文很有幫助。

如何挑選英文句子？

　　可是，要自己想出這樣的英文句子很困難。市面上也有許多**利用英文句子背單字**的生詞本，如《DUO 3.0史上最強應試英文字彙》（高寶）等，不妨從中挑選一本適合自己的生詞本。

　　另外，即便是一般的生詞本，**養成讀例句的習慣**就會比較容易留住記憶，非常建議大家這麼做。

整句背下來！

5個單字分開來背真麻煩！

背一個句子就能學會5個單字！

　　一個句子可以同時學到單字、文法，光是這樣就很有價值，不過還可以透過朗讀和聆聽，進一步有效地利用它。背一個句子即包含聽、說、寫的練習，這也是此種學習法的魅力。

　　大家一起來背完整的英文句子，增進英文能力吧！

總結　熟記整句英文句子，掌握句子中的單字和片語！

高中的回憶　大考完的三月，和好朋友一起穿著制服去迪士尼玩，真是開心！

No.020

 上下學
途中可

 持續下去
效果大

 適合零碎
時間

 可以
很愉快

 想考頂大
者必看

利用作文
熟記英文文法

POINT
- 試著寫英文作文，即可學會文法。
- 背英文文法時要自己造例句。
- 一定要練習寫文法問題中的英文作文題。

by 安堂 裕樹

學寫英文作文也能同時學文法

各位平時是怎樣背英文文法的呢？或許有人是直接背用法而已。不過，透過英文作文來背文法，效果會更好。

英文作文有效的原因在於，**背文法的目的原本就是為了寫英文作文**。當然，並不是直接使用文法，而是在英文的文章中使用文法。因此，練習英文作文可以讓人在實踐中學會「各種時態、主詞等情況下」文法是如何被使用的。

此外，練習英文作文對文法問題的演練也有幫助。說得極端一點，只要會寫英文作文，填空、語序排列、英文翻譯，以及其他文法問題基本上也難不倒你。為什麼呢？因為要寫英文作文，必須理解中英文對應的詞彙、如何使用文法，並且用正確的語序書寫才行。

寫英文作文需要具備英文文法等綜合能力

英文作文 ▶ 涵蓋

文法問題

| 填空 | 語序排列 | 英文翻譯 |

作文題是英文文法的集大成

最簡單的具體做法，是把文法解析部分一定會有的例句譯成英文。

由於是基礎程度的英文，相信有人會覺得沒必要做，可是一旦試著翻譯就會發現，比自己所想的更困難。文法問題的最後經常會有英文作文題，即使覺得麻煩，也請務必練習。因為正如前面所說的，**英文的作文題是文法的集大成，會寫英文作文即可說是精通文法**。

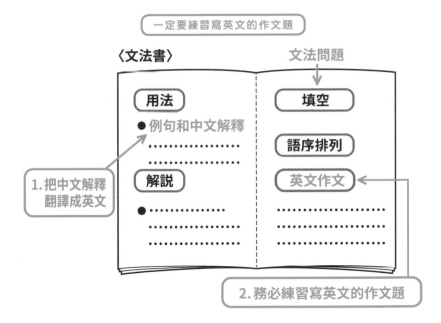

一定要練習寫英文的作文題

〈文法書〉　　　　文法問題

用法	填空
● 例句和中文解釋	語序排列
解說	英文作文

1. 把中文解釋翻譯成英文

2. 務必練習寫英文的作文題

| 總結 | 藉由練習英文作文來背文法效果更好，同時也能加強其他類型的文法問題解題能力。 |

高中的回憶　我就讀的高中有條莫名其妙的校規：禁止談戀愛。

No.021

上下學途中可 | 持續下去效果大 | 適合零碎時間 | 可以很愉快 | 想考頂大者必看

英文單字要拆開來理解

▶ **POINT**
● 不是所有單字都要背，閱讀時要進一步拆解單字、推測它的意思。
● 記住經常出現的字首、字尾，便比較容易推測。

by 中島 悠夏

要怎樣推測字義？

各位擅長背英文單字嗎？我並不擅長。

因此我一直竭盡所能地設法減少要背的單字量，且避免妨礙文章的閱讀。 那方法就是**把單字拆解成一個個要素，邊讀邊推測字的意思**。

有些單字可以拆解成數個構成要素，所以可以根據構成要素猜想字的意思。雖然必須先熟記構成要素的意思，但**因為通用性很高，要背的東西應該會變少**。

那麼，具體來說，要怎麼推測字義呢？我舉個例子為各位說明。

比方說，unbreakable我把它拆解成un+break+able。

當你想起un表示否定、break是毀壞的意思、able表示可能，那麼就算不認識這個字也能推測它大概是「不會壞」的意思。

拆字範例

unbreakable

un + break + able

否定　（毀壞）　可能

用這種方法，非背不可的單字數量就會一下子少很多。比如，記住「in表示否定」，就能像這樣應用到各種單字：

independent＝in（否定）＋dependent（依賴）＝不依賴、獨立

inconvenience＝in（否定）＋convenience（便利）＝不便利、麻煩

最好先記住的好用線索

先背下來，之後會很好用的字首、字尾整理如下：

字首	
at-	去～
ex-	外面
dis-	離
con-	共同
re-	向後
sub-	在下面
sur-	在上面、超過

接尾語	
-logy	學問
-er、-or	做～的人、物
-ity	是～、狀態
-ee	某動作的接受者或執行者
-ist	做～的人、專家
-ize、-ise	動作
-（a）ble	能夠

先記住這些不但可以減少要背的單字，遇到不認識的單字也比較容易推測它的意思。

我從學校的老師那裡學到這些字首、字尾。想認識更多字首、字尾時，建議各位讀者可以找找相關書籍來看，背單字會更有效率。

多費點心思，背單字也可以變得很輕鬆，請大家務必參考看看！

總結　**遇到不認識的單字也不用擔心！**
理解它的構成要素就會知道它的意思。

高中的回憶　高中最後一次學園祭留下了超棒的回憶。我雖是考生，但在那之前更是高中生……不好好享受說不過去！

No.022

上下學
途中可

持續下去
效果大

適合零碎
時間

可以
很愉快

想考頂大
者必看

背歷史要注重
因果關係

POINT
● 別只是背發生的事件和年分。
● 包含事件發生的原因、影響都要正確理解。
● 掌握原因、經過、結果這三個要素。

by 松下 天風

光背名詞用語並不夠

　　本國史和世界史必須背的名詞和年分非常多，使得背名詞和年分很容易變成學習的目的。不過，背了一堆名詞，卻不知道它所代表的意義、造成的影響，並不算真的掌握歷史知識。

　　事實上，以東京大學為首的大學入學考試通常會出論述題，要考生說明某項制度的名稱和內容，以及帶給後世的影響。當然，段考、模擬考等也經常出這類型的考題。

　　因此，**背歷史名詞要連同因果關係一起記住，這點很重要。**

一併記住原因、經過和結果

　　接下來我舉日本1221年發生的「承久之亂」為例，為各位說明要怎麼同時記住歷史名詞和「因果關係」。

　　首先，連同事件**為什麼會發生**的「原因」、**如何發展**的「經過」和它所**帶來的影響**，即「結果」一併記住。

應當一起記住的三要點

原因 ▶ 經過 ▶ 結果

　　源實朝死後，源氏血統斷絕，後鳥羽上皇企圖趁此機會推翻
幕府、恢復朝廷的權力，因而下詔討伐當時幕府實際領導人北條
義時，這是引發承久之亂的**原因**之一。一開始許多武士都不支持
幕府反抗朝廷，但因為北條政子的演說而大受感動、加入幕府方
參戰，最後打敗了朝廷的軍隊。**結果**，幕府設置六波羅探題等，
確立其優於朝廷的地位。

「承久之亂」的原因、經過、結果

原因
後鳥羽上皇為恢復朝廷權力，下令討伐北條義時。

經過
因為北條政子的演說，眾多武士加入幕府方參戰。

結果
幕府獲勝，確立幕府優於朝廷的地位。

　　不要只是背「1221年發生承久之亂」，要像上述這樣連同事
件的起因、經過、結果一起記住。

　　以這種方式掌握所有名詞用語確實不輕鬆，但貫徹此種背誦
法，考學測時一定能派上用場！

總結　　連同事件的「原因、經過、結果」一起背，
　　　　會更有能力應付本國史和世界史的論述題！

高中的回憶　我太喜歡歷史了，所以總是在讀本國史、世界史。

No.023

上下學途中可　持續下去效果大　適合零碎時間　可以很愉快　想考頂大者必看

熟記歷史故事

POINT
- 只背名詞、年代會記不住。
- 用自己的話編故事。
- 講出來，邊講邊背。

by 中島 悠夏

想像歷史故事

各位是怎樣背世界史和本國史的呢？

許多人覺得歷史要背的內容很多，如名詞、年代等，或覺得很多人名大同小異，很難記住。其實歷史可以是很有趣的科目，就看你怎麼讀它。

我實際採用的方法是**用自己的語言編故事，再藉由講述記在腦中**。拜此方法之賜，我變得非常喜歡歷史。

要用自己的話編出一個故事，必須對那一段歷史有正確的了解才行。而且編故事會需要人名和年代，也對記住這些人名和年代有幫助。

除此之外，講出來也是很重要的一點。我想，比起單純看課本所得到的文字記憶，我們會更容易想起自己講述時的記憶。

以故事情節來記憶比較容易理解

也許有人還不是很清楚這種學習法的樂趣何在。它的樂趣在於可以透過軟性的話語理解歷史。

當然，為了編故事一定得參考課本的內容，但有了一定程度的理解後，慢慢地不必詳讀課本也能編出故事。這麼一來，**就可以不用讀用詞生硬的課本**。以前，我看這些用詞生硬的說明文字

一點也不會想要讀歷史，所以我覺得可以用自己想出來的軟性語言掌握歷史的學習法很有趣。

大家也一起快樂地學習，愛上歷史吧！

法國大革命爆發的背景故事

「革命以前，身分最高的是神職人員……，人民感到不滿。」
（出自《細說世界史》）

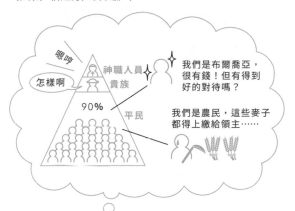

嗯哼

怎樣啊

神職人員

貴族

90%

平民

我們是布爾喬亞，很有錢！但有得到好的對待嗎？

我們是農民，這些麥子都得上繳給領主……

法國大革命以前，只佔少數的神職人員和貴族最大，掌握廣大的土地和重要官職，還享有免稅的特權，對佔人口90%的平民課予重稅、支配他們。大部分的平民都是農民，很窮，其中有些工商業者後來變富有了，於是不滿自己一直受人支配。

總結　把歷史變成故事，可以背得很愉快喔！

No.024

 上下學途中可 持續下去效果大 適合零碎時間 可以很愉快 想考頂大者必看

利用圖像、照片來記憶！

POINT
- 將課本和講義裡的圖像、照片與多項知識建立連結並記住。
- 只要知道應當著眼之處，任何圖像都可以。

by 松下 天風

圖像很適合與知識做連結

　　課本和講義裡，通常都會刊載許多圖片和照片。圖片和照片裡充塞著訊息，**有時候看到一張圖就能聯想到多個訊息**。因此我要推薦給各位的，是把圖片和照片與其周邊相關的知識建立連結、一起記住的背誦法。

　　比方說，我們一起來看「引領民眾的自由女神」和「亨利八世的肖像畫」兩幅畫。請各位看下一頁。

應當著眼於畫的什麼地方？

　　我們都知道一幅畫可以帶給我們許多知識，現在我就要介紹如何從一幅畫中獲取知識。我的做法是重點式地研究以下四點：

❶　畫中描繪了什麼？（人物、事件等）

❷　畫的作者是誰？他是怎樣的人物？（印象派、浪漫主義等）

❸　畫中描繪的年代、時代背景。

❹　與畫中描繪的對象、作者等有關的人物、事件。

實際思考看看

　　讓我們充分利用課本和講義，掌握與畫或照片有關的訊息吧！

從一幅畫中可以獲得的知識範例

	引領民眾的自由女神	亨利八世的肖像畫
畫		
著眼點	・女神 ・民眾 ・持槍少年	・亨利八世
作者	德拉克洛瓦 以現實中不存在的虛構人物「女神」為題材，所以是浪漫主義的作品。	霍爾拜因 也繪有同時代作家伊拉斯謨和托馬斯・莫爾的肖像畫，所以是和他們同一時代的人物。
時代背景	受女神引領的民眾。是以參與1830年法國七月革命的群眾為藍本。	畫中所描繪的亨利八世是英國都鐸王朝的國王，因離婚問題引發英國的宗教改革。
相關事項	女神右側的持槍少年，據說是以雨果的代表作《悲慘世界》中的出場人物加夫洛許為藍本，由此可知德拉克洛瓦和雨果是同時代的人物。	1534年頒布「至尊法案」，成為英國國教會的最高領袖，以實際行動脫離天主教世界。

總結　　**仔細看一張畫即可記住大量的相關訊息！**

高中的回憶　我姑且算是網球社的，但只記得玩過捉迷藏和踢足球。

No.025

上下學途中可　持續下去效果大　適合零碎時間　可以很愉快　想考頂大者必看

理工類的背誦
要反覆做基礎題

POINT
- 反覆做基礎題對背定義等很有效。
- 可一併學到公式和使用時機。
- 不妨充分利用學校發的問題集。

by 永山 龍那

理工組科目要邊解題邊記

　　除了文組科目，理工組科目也有許多要背的部分。數學要記住定義、定理才有辦法解題，況且所有理工組科目都必須背物質名稱、現象名稱，或表示那物質、現象的算式，否則無法解題。

　　不過理工組的背誦事項也和英文單字一樣，一個一個背的話效率很差。**定義、定理和概念等，就藉由反覆做學校發的、輔助教科書的問題集當中的基礎題來記住吧！**

　　輔助教科書的問題集基於搭配教科書一起使用的特性，只要按部就班地練習即有能力應付大部分的問題。題目的程度也不會超出課本太多，可以適度提升實力而不會覺得吃力，就像拉筋那樣。

　　而且基礎題中已包含了許多重點，反覆做基礎題即可將理工組的背誦事項一網打盡。

　　假使學校發的問題集與自己的程度不合，可以去書店購買基礎程度的練習題問題集。建議挑選不會太難、感覺將近70％會寫的比較好。

只用看的不行嗎？

前面介紹了反覆做基礎題的重要性，但也許有人覺得「既然要背，用看的就夠了」、「這樣反而沒效率」。不過，**理工組科目絕對是動手解題目才會記得更牢固**。

比方說，光用看的要記住餘弦定理固然有可能，但是卻很枯燥乏味。可能背一背就覺得不耐煩，或無法專心。

而另一方面，若能反覆做基礎題、一再用到餘弦定理，最後身體就會記住那種感覺，以至於腦袋還沒反應手就先動起來。化學物質及其反應路徑也是同樣的情況。用看的背很難記住，但反覆做那部分的問題集，相信就能輕易地回想起來。

另外，理工組科目在段考和入學考中，通常是以問答題的形式出題。反覆做基礎題可以增加自己看過的題型，在考試中拉大與別人的差距。

理工組科目要背的東西其實很多，讓我們反覆練習基礎題，以實踐的方式掌握知識吧！

不只是用看的，練習解題更能熟記

❌ 只背公式並不能學會解題

餘弦定理
$$c^2 = a^2 + b^2 - 2ab\cos C$$

這公式要做何用？

⭕ 公式結合出題方式一起學

△ＡＢＣ中，當 $a=4$，$b=5$，$C=60°$時，求 c。

原來這種題目就要使用餘弦定理！

總結 反覆做基礎問題，會讓理工組科目的背誦進行得更有效率。

 高中的回憶 段考的日子中午前就放學，我總是和朋友一起打籃球。

No.026

上下學途中可　持續下去效果大　適合零碎時間　可以很愉快　想考頂大者必看

熟記物理的
典型題目！

POINT
- 物理有許多類似的題目。
- 反覆練習典型題目直到記住為止。
- 猜對類型即能佔優勢。

by 永山 龍那

物理的題目都大同小異！

　　看物理的題目經常會發現「以前也解過這種題目」。比方說，都卜勒效應、氣體動力論、物體的碰撞、簡諧運動和圓周運動等，只要是念理工組的朋友，上課、考試一定見過這類問題。

　　既然一再出現這類問題，那麼不妨背下典型題目及其解答，考試中就不必從頭思考起。當然，光用看的很難記得住，因此理想的做法是反覆練習解這類題目，直到能記住的地步。

　　這與物理這門學科以下的特性有關：

- 題目的文字敘述很長。
- 想像很重要。

　　在解物理問題時，能夠想像題目的狀況很重要。只是，物理的題目敘述多半很長，為了具體想像，必須熟讀題目的敘述才行。

　　不過，只要把曾經解過的問題記住，下次再碰到時很快就能想像出題目的狀況。**即使題目要考的部分不同，但物理題目的狀況設定幾乎都一樣**。因此把題目背起來可以縮短時間、取得優勢，很快就能著手開始解題。

　　看學校發的問題集和課本裡的例題，肯定會發現許多狀況

設定相同的題目。務必再三練習解這一類題目，記住一系列的解法。

還可增進解應用題的能力！

除了學校的段考和模擬考之外，典型題目也會出現在大學入學考的延伸應用問題。若能記住解法，即可完全不必動腦筋，很快地突破這部分，把時間用來解難度更高的問題。

再者，應用基本觀念即能解開更難問題的情況也所在多有，所以熟記基本解法將是一項優勢。

事實上，**許多東大學生都會利用大量解題，將題目的類型和解法大量儲存在腦中**。要鍛練猜題的敏銳度很難，但增加背誦量並非不可能。而且成績會與儲存量成正比。

試著有意識地努力熟記題目吧！

只要記住典型題目的每一種解法，考試就佔有優勢

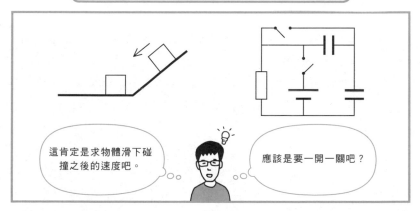

這肯定是求物體滑下碰撞之後的速度吧。

應該是要一開一關吧？

總結　**熟記典型題目的解法，考試便能佔上風！**

（**高中的回憶**）　我騎腳踏車上下學，單程要花40分鐘。雖然路途遙遠，現在回想起來還是覺得很快樂。

演練
篇

掌握大量的知識後，
接著就進入問題演練吧！
解題時稍微留心，便可取得巨大成果。
若改變演練方法，成績也會大不相同。

Unit 2 的圖標說明

馬上就能開始 稍微留心或下點工夫，
今天起就能使用。

可用於復習 復習時這麼做，效果更佳。

提升幹勁 採用這種方法，
讀書會更有勁。

不拿手對策 面對不擅長的科目，
建議使用。

注重效率 即使學習時間相同，
效果也會更好。

No.027

馬上就能開始　可用於復習　提升幹勁　不拿手對策　注重效率

用日期&記號
註明理解度

 POINT
● 在解過的題目上加註日期和與解題狀況相對應的記號。
● 隔一段時間再重解一次不會的題目。
● 不灰心地再三嘗試很重要。

by 安堂 裕樹

每一個題目都標註日期和理解度

各位都是怎麼做問題集的呢？我想應該不少人會多次反覆解同一本問題集。既然要做，當然會想有效率地做完它，以提高學習成績。

因此我要為各位介紹我所使用的讀書法——在每一個題目上加註日期和記號。

做法很簡單。就只是在解過的題目旁邊，**註明解題日期和與解題狀況相對應、自己設定的記號**。以下是示範的例子：

○……很快就解出答案。
△……雖然解出答案但花很多時間，或是似懂非懂地解出答案。
×……解不出答案。

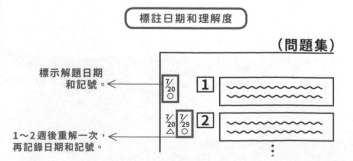

標註日期和理解度

（問題集）

標示解題日期和記號。←

$\frac{7}{20}$ ○　**1**

1～2週後重解一次，再記錄日期和記號。←

$\frac{7}{20}$ △　$\frac{7}{29}$ ○　**2**

這樣做可以讓不會解的問題變得顯而易見。一～兩週後重解一次有△和×記號的題目，就能有效率地復習。持續這麼做，直到整本問題集全部標註○為止。

隔一段時間再挑戰一次

如果有時間，最好隔一段時間再次嘗試解標註○記號的問題。**第一次解出答案後，過了一段時間再次解出答案的話，就可算是精熟這題的解法。**

另一方面，持續標註△和×，好不容易才改標○的問題，有可能過了一段時間又解不出來，最好要再重解一次。

隔一段時間再確認理解度

（問題集）

隔了一段時間
再次答對。
↓
OK

$\frac{7}{20}$ ○ | $\frac{8}{20}$ ○ | 1 ～～～～～～～～～～

$\frac{7}{20}$ △ | $\frac{7}{29}$ ○ | 2 ～～～～～～～～～～

第4次才答對。
↓
常常過一段時間
又不會解了，
有必要再重解一次。

$\frac{7}{23}$ × | $\frac{7}{31}$ × | 3 ～～～～～～～～～～
$\frac{8}{6}$ × | $\frac{8}{20}$ ○

最後是我的經驗談。第一次標註△、×的問題，不可能第二次就全部變成○。當中甚至會有連續四次都標×的題目。可是就算答錯很多題，一再嘗試一定會慢慢有所進步，不要氣餒，繼續加油吧！

總結 | 留下日期和記號作為記錄，
可以有效率地精通問題集！

 我的大學生活 撰寫本書時，我正在攻讀航太工程學，進行宇宙構造物的研究。

No.028

馬上就能開始　可用於復習　提升幹勁　不拿手對策　注重效率

製作失誤筆記
記錄自己曾犯的錯

POINT
● 將粗心的失誤詳細分類。
● 做記錄可以掌握自己容易犯的錯誤。
● 知道自己容易犯的錯，檢討會更有效果。

by 服部 篤樹

不要小看粗心的失誤

　　我想，「解法正確，卻因為一點失誤而被扣分」這類經驗總是會有吧？此時你是不是會覺得「偶爾嘛！無傷大雅」而輕忽這樣的失誤呢？若硬是要說得嚴重一點，知道題目的解法卻因為粗心犯錯而失分的話，好不容易努力了半天也是白費。

　　「因為粗心犯錯而失去5分」和**「不知道解法而失去5分」完全沒兩樣**。前者是理應得分卻未得分，反而最令人懊惱。再舉其他的例子，如果是數學之類的科目，開頭計算出錯，哪怕就一個錯誤，之後的計算便是零分。所以不能小看不小心的失誤。

　　那麼，怎麼做才能減少失誤呢？我想藉這一小節為各位介紹，我在準備大考時身體力行的方法。

專門記錄失誤的「失誤筆記」

　　我在用功時，桌上一定會放一本自己製作的「失誤筆記」。這本筆記裡記錄了我發生過的失誤種類和次數，發生特別嚴重的失誤時，還會記下那次犯錯的詳細情形。

　　比方說，我的失誤筆記裡有以下記錄：

失誤筆記的記錄範例

· 忘了加三單現※的s ： 10次
· 把cos和sin弄反了 ： 8次
· (a-b)³的展開式寫錯 ： 2次

※即第三人稱、單數、現在式的簡稱。

透過詳細記錄，可以看出犯錯的傾向

比方說，普通的計算錯誤也不要全部概括為一類，要盡可能地詳細分類，再記入失誤筆記裡。只是記錄為「計算錯誤」，不會知道自己遇到那一類問題，或在什麼情況下會計算錯誤。

「sin、cos結合分數的問題」

「考試終了前5分鐘解完時」

像這樣詳細分析很重要。

在失誤筆記中明確記錄失誤的種類和次數，**就能知道自己容易發生怎樣的失誤，了解自己犯錯的傾向**。知道犯錯傾向的話，正式考試時就會注意，檢討考卷時也知道應當確認的重點，以減少粗心的失誤。

利用失誤筆記了解自己犯錯的傾向

知道自己容易犯的錯，檢討考卷會比較順利，也更容易發現錯誤。

總結 了解自己的犯錯傾向，可防止正式考試時出錯！

😊 **我的大學生活** 在與研究艱苦搏鬥的同時，也因為老師們的教導而增長見識、樂在其中。

Unit 2

演練篇

No.029

馬上就能開始　可用於復習　提升幹勁　不拿手對策　注重效率

假如停頓十分鐘，就看解析吧！

POINT
● 練習做題目時，不能花太多時間。
● 十分鐘還想不出怎麼解的話，別猶豫，趕緊看解答吧！

by 永山 龍那

捨棄不看解答的習慣

　　自行演練題目的過程中，無論如何就是會遇到解不出的問題。在學校做題目，大致上都被教導「不可以看解答」，受到這種影響，準備大考時也會試圖花上數十分鐘、靠自己的力量解開難解的問題，大家都有這樣的經驗不是嗎？

　　不過，演練題目的目的不在「解題」，而在「練就解題的能力」。假使解題的過程中，**想了十分鐘仍然想不到該怎麼解，別遲疑，趕快看解答吧！**

　　經過仔細思考，自己找到正確答案當然很好。可是，為此需要具備最低限度的知識。在知識不足的狀態下，就算花幾個小時思考也解不出答案來。讓我們用下面的例題思考一下吧！

缺乏知識根本就不會解的問題

[例題]
右邊的三角形中，求 $\tan\theta$ 的值。

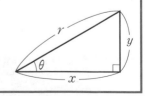

正確答案是「$\tan\theta = \dfrac{y}{x}$」。解出正確答案的人，是因為知道三角函數的定義才解得出來。

不知道三角函數的定義便解不出這一題。這雖然是數學問題，但不是計算題，而是背誦題。換言之，若用英文舉例，就和「請回答title這個字的意思」這類題目一樣。我們不會花時間去思考一個不知道就答不出來的英文單字問題，對吧？這是同樣的道理。

下次遇到會解就行了

一開始不知道是理所當然的。只要把知識變成自己所有，下次在考試中遇到時，就有可能答對。正因為如此，特別是剛開始演練或做問題集的第一個星期，遇到不懂的問題就趕緊看一下解答吧！

不過，只是迷迷糊糊地看解答照抄沒有用。**最重要的是要檢視自己到底什麼部分不懂或以前沒學過，整理重點，以便日後能夠復習**。之後再不看解答、靠自己的能力解題，確認是否真的理解。

問題集是用來增強實力，而不是用來解題的。別猶豫，不懂就看解答，有效地利用問題集吧！這麼做，肯定遠比一直望著不懂的問題煩惱，要更快培養出實力。

過了十分鐘就看解答吧！

只是長時間苦苦思索，實力並不會提升……

十分鐘

為了增強解題能力，設定時間，時間到了就看解答！

總結 要有效率地利用問題集，獲取新的知識！

我的大學生活 東京有很多美術館、博物館，以及和動畫、遊戲有關的活動，棒極了！

No.030

馬上就能開始　可用於復習　提升幹勁　不拿手對策　注重效率

解題時要設時間限制

POINT
● 把題目分成知識題和應用題兩種。
● 依題目屬性設定時間限制。
● 不妨加入中場休息，以集中精神努力解題。

by 服部 篤樹

解題要計時

各位在演練數學和理工類的題目時，是不是會慢吞吞地花很多時間呢？高中生（尤其是考生）的時間很有限。如果解一題要花兩、三個小時，念其他科目的時間就會愈來愈少。

我在解題時一定會設時間限制。花在一個問題的時間若能減少，同樣的念書時間就能解多一點題目，讀書會更有效率。

只是，設時間限制說起來容易，但要判斷哪一類題目該設幾分鐘很困難。為設定適當的時間，讓我們先認清題目的屬性吧！

題目的屬性指的是知識題和應用題之分

數學和理工類的題目可分為知識題和應用題兩類。不知道基本公式和解法便答不出知識題。為了更有能力應付知識題，多研究各種各樣的題目、學會多種解法會很有效。

而另一方面，應用題要應用知識才有辦法解答。不免要花比較多的時間解題。

因此，設定時間限制時請參考以下範例，設定每一類型題目的解題時間。

知識題和應用題的特徵和時間設定			
種類	特徵	難易度	時間設定
知識題	不知道基本公式和解法便答不出來	易	5〜15分鐘
應用題	要應用知識才能解答	難	20〜30分鐘

　　大家或許會覺得知識題的時間設定很短，這是因為這類問題多半在看到題目時，想不到解法就不會解。應用題也是，藉由在短時間內集中精神解題，可以練習在與正式考試相似的情境下作答。

也可以依問題集的特徵做區分

　　接著來談知識題和應用題的區別。如果問題集裡已經把題目分類成「基礎、應用」或「難、易」，也可以就依照這樣來分類。或者可以像以下這種方式，依問題集的特徵做分類。

● 知識題：教科書的題目、學校發的輔助教科書的問題集等。
● 應用題：難度高的參考書、入學考題目等。

知識題要著重量、應用題則著重質

知識題要在短時間內完成！

應用題要仔細思考……

　　最後，這種讀書法非常累人，因此中間要休息。例如，解五題便休息五〜十分鐘。由於專注力會逐漸下滑，好好休息，等精神恢復後再提高專注力解下面五題！

總結	設定時間限制，可以讓人學會用短時間解多一點題目。

我的大學生活 每天在課外活動教室專心一意地練大提琴。

國 數 英 社 理

No.031

馬上就能開始　可用於復習　提升幹勁　不拿手對策　注重效率

想不透的問題也要試三次！

POINT
● 不能立刻看答案。
● 至少用三種解法試試看。
● 因為不輕言放棄，解析的內容才會進入腦中。

by 林 伊吹

不能立刻看答案

各位遇到不懂的問題時，會怎麼做？想必不少人因為想解更多題目，很快就查看答案，然後就以為已經理解了。

不過，這樣只是學到理解解答、題目解析的能力，並沒有學會解題的能力。帶著這樣的誤解做再多題目，成績也不會成正比地提升。

話雖如此，不看答案自己慢慢想會比較好嗎？我覺得那樣也不夠。光靠自己想，能想到的數學解法畢竟有限。

因此，遇到很難的問題時，總之先試著把**自己會的三種解法**寫在筆記本上。

看答案前，先用三種解法試試看

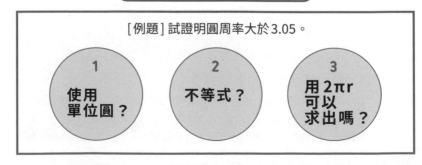

[例題] 試證明圓周率大於3.05。

1
使用
單位圓？

2
不等式？

3
用$2\pi r$
可以
求出嗎？

　　若能在動手解題的過程中找到正確答案當然最好，但沒找到也沒關係。規定自己，不知道怎麼解時，至少用三種方法實際試過後再看答案吧！

發現不懂的問題，正是成長的機會

　　重要的是，**即使乍看覺得會白費力氣，也要實際動手解解看**。這種做法會得到兩大好處：

❶　確保仔細思考的時間。
❷　看過答案後的理解度會好上很多。

　　遇到不懂的問題之所以會有所成長，是因為我們不僅可以獲得知識，更獲得了思考的機會。讓我們靠自己不斷嘗試、犯錯，磨練思考能力吧！

　　此外，嘗試錯誤、吃過苦頭的經驗，比較容易留下記憶。由於解答與那經驗會連結在一起、記入腦中，實際試過三次後再看答案時，記憶的固著度一定比沒動腦筋想就看答案要好上很多。

用三種方法嘗試解題

為求找到答案，
用三種方法挑戰看看！

> 總結　即使不會解，還是先著手解看看並動腦筋思考。
> 在看答案前，至少用三種方法嘗試作答。

我的大學生活　雖然我是理組，但常常要讀英文資料，深切體認到英文的重要性。

No.032

馬上就能開始　可用於復習　提升幹勁　不拿手對策　注重效率

理解的終點是說明

POINT
- 為了徹底理解，必須能夠說明。
- 要將課本和問題的解答理解到自己能夠說明。

by 永山 龍那

看過後理解了，光是這樣還不夠！

課本和問題集的解答，常常是看的時候感覺好像懂，然而考試時遇到同樣的問題卻答不出來，相信很多人都有過這樣的經驗。也就是說，**看懂文字的內容，與徹底理解並拿到分數之間，存在著很大的差距**。

靈活運用知識很重要

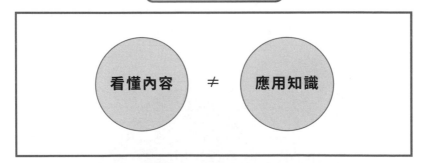

看懂內容　≠　應用知識

當然，最重要的是學會解題，所以一開始照著書本的內容記住無妨。

不過，在解更困難的問題時，則需要應用課本或簡單題目解析中所寫的基礎知識。要應付這種情況，光是死記硬背並不夠，需要徹底地理解。

而確認是否徹底理解的方法，就是「說明」。

「說明」而後理解

要讓解析或課本所寫的內容變成自己的東西，**不能只是讀懂它或背下來，要學會用自己的話說明它為什麼是這樣**，這點必須謹記。

讓我們測試一下，看看自己能否說明這會兒正在解的題目或正翻開的課本內容吧！可以請朋友當你練習的對象，也可以自言自語。一旦試著說明，肯定會有許多地方卡住，不如自己想像的那麼順利。

如果是數學問題，要想為什麼會變成這個式子？如果是英文的閱讀理解，要思考為什麼那個動詞要變成過去式？諸如此類，應該會發現許多其實並不理解的點。

逐一查明、記住這些不懂之處，慢慢能夠流暢地說明時，才稱得上是真正的理解。若能做到這一步，遇到稍微困難或沒看過的題目，相信也能沉著地應付。

> **邊說明、邊想像老師上課的樣子也不錯**

餘弦定理 $c^2 = a^2 + b^2 - 2ab\cos C$
就是，只要知道三角形的兩個邊長及其夾角，就能算出剩下那一邊是多少的公式。

總結 只要能夠說明，就能真正理解。

 我的大學生活 住在要步行四十分鐘才到車站的大學宿舍裡，而且蓮蓬頭還裝在廁所正上方。

No.033

馬上就能開始　可用於復習　提升幹勁　不拿手對策　注重效率

從簡單的問題做起

POINT
● 準備考試要從簡單的問題做起。
● 多解簡單問題來增加自信很重要。
● 老是解很難的問題，會忽略基礎部分的漏洞。

by 中島 悠夏

先解簡單的問題吧！

　　練習解題時，要從簡單還是困難的問題做起呢？假使不太注意難易度，從前面開始依序解課本的例題或問題集的話，會很浪費時間。

　　其實從簡單或是難的問題做起，對學習效率的影響很大。而我認為，準備考試**最好從簡單的問題做起**。

　　若是先做簡單的問題，解題的速度會相對較快，應該也會增加信心。一旦感覺自己也許擅長解這方面的題目，念書一定會念得更起勁。

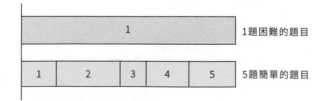

花一樣的時間可以解的問題數

1	1題困難的題目

1	2	3	4	5	5題簡單的題目

　　除此之外，從簡單的問題做起，也能檢視基礎穩不穩固。**解不出難題的原因，多半在於基礎不穩固**。利用簡單的問題學習基礎知識，要比透過難題來學習更容易，知識也比較容易扎根。

強化基礎是應試的基本公式

再者，在為考大學未雨綢繆時，也應當以無失誤地正確解出基礎問題為優先，而不是會解困難的問題。

其他多數的考生也不會解困難的題目，所以一題解不出來其實差距不大。但**基礎問題大家都會解，假使失手便很容易拉開差距**。考試最重要的，就是靠基礎問題確實拿到分數。

沒注意難易度隨機式地解題，從困難的開始解起，結果碰到難題解不出來時，會覺得「竟然解不出來，真沒用⋯⋯」因而心情低落，使讀書的熱情減退。

別因為是簡單的問題就小看它，先從簡單的問題做起，提起幹勁，盡全力讓基礎扎根吧！之後再挑戰難題也綽綽有餘。

> 一面強化基礎，一面穩步前進！

> 把簡單的問題解得很順，鞏固基礎吧！

總結 準備考試要從簡單的問題做起。確認基礎，同時也提高動力。

 我的大學生活 開始一個人住，才知道做家事的辛苦，體會到父母之恩。

No.034

馬上就能開始　可用於復習　提升幹勁　不拿手對策　注重效率

不會解的問題更要花時間

POINT
- ●復習之前解不開的問題，更能增強實力。
- ●不妨利用分類、確認、重解、設計同類問題四步驟來復習。

by 安堂 裕樹

「不會解的問題」很有進步空間

　　利用問題集做練習時，應該不會做完就算了吧？解題固然重要，但會解的問題，說得極端一點，不用復習也會。也就是說，為了提升學力，重要的是如何復習以前不會解的題目。

　　這一小節要介紹花時間去解之前不會解的問題，確認周邊知識、重新解題，以有效提升學力的方法。

○ **會解的問題**
　┗→ 從問題得到的
　　　學習少

✗**不會解的問題**
　┗→ 可從問題獲得
　　　許多學習

> 要把時間
> 花在
> 這部分。

》1. 分類不會解的問題

　　不會解的問題可大致分成兩類。先確認❶和❷的敘述何者與它相符。

❶　不知道（或忘記）用語、公式所以解不出來。

❷　不知道解法而解不出來。

例1）不知道so that ～ 的意思，所以不會寫填充題。
　　　→不知道用語，所以是❶。

例2）知道二次函數，但不懂怎麼求包含未知數、有範圍限制的

最大、最小值的二次函數問題。

→不知道解法，所以是❷。

》2. 確認周邊知識

按照分類採用不同的做法。

如果是❶	重背用語、公式，同時復習周邊知識。 例）重背so that～（重背用語）→一併復習so...that～、too...to、enough to～這類相似的文字組合之間的差異（周邊知識的復習）
如果是❷	確認解法。 例）看題目解析，加以理解。

》3. 重解

不論❶或❷都要重新解題。

》4. 設想不同的出題模式

不論❶或❷都要設想不同的出題模式。思考類似的問題，可避免只會解相同問題的情況，並進一步確認是否理解到能夠靈活應用學得的知識。乍看之下似乎很麻煩，不過「設想類似問題」的作業對學力的提升非常有效，即使花時間也要做！

例1）用so that造句。

例2）範圍改變，或將函數的不同部分改為未知數時，研究最大、最小值會有怎樣的變化。

按照以上的步驟復習，即可**從一個解不出來的問題獲得許多學習，進而能夠理解並運用自如**。

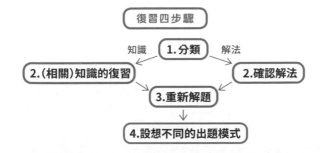

復習四步驟

知識　1.分類　解法

2.(相關)知識的復習　　　　2.確認解法

3.重新解題

4.設想不同的出題模式

總結　花時間面對不會解的問題，與學力提升息息相關。

我的大學生活　開始一個人生活時興致勃勃購買的炊具，現在依然乾乾淨淨的。

Unit 2

演練篇

No.035

馬上就能開始 可用於復習 提升幹勁 不拿手對策 注重效率

在腦中想像解法可以快速地復習

POINT
● 復習做過的問題時，無須逐字寫出來。
● 先在腦中想像解法。
● 效率會大幅提高。

by 永山 龍那

先只用想像的來復習

很多人都被教導「復習很重要」而反覆練習解同樣的問題。

復習絕對是對的策略，也非常重要，但因為高中階段的數學、物理和化學等科目，知識不斷推陳出新，也需要投入時間好好地吸取新知。就算是為課外活動和興趣著想，也要盡可能縮短復習的時間。

因此，**復習時試著先在腦中想像解題的步驟吧**！假如可以完全想到解題的步驟，就不必特地寫出來。**要跳過可以想到正確解法的題目**。

這裡所說的步驟，可說正是問題的「關鍵」，也是出題者想考驗大家的部分。因此只要能想像出這部分，剩下的計算就沒有必要寫出來了。

那麼，該怎麼想像呢？讓我們用數學題目實際想想看吧！

[例題] 求下列二次函數的對稱軸和頂點。

$$y = x^2 - 4x + 3$$

步驟1 配方。

步驟2 在 $y = (x-p)^2 + q$ 的情況下，對稱軸為 $x = p$，頂點是 (p, q)。

以前述的問題來說，式子和計算並不含在步驟中。

「求二次函數的對稱軸和頂點，應當做什麼動作？」

「配方後的式子要看哪裡，才能得出對稱軸和頂點？」

諸如此類知識和構成解法的部分才是步驟。看到問題時，若能想像出這些步驟，即可省略列式子和計算等作業。

想像不到的話就動手寫出來吧！

相反的，想不出解法可能是因為對這類問題不夠熟練，有必要詳細寫出解法。像這樣先思考如何解題，**可以迅速判斷自己會不會解這類問題，提高復習的效率**。

復習時在腦中想像解題的方法，縮短念書時間吧！

想不出來就動手寫寫看

可以迅速判斷會解、不會解喔！

看到問題
可以想像解法

YES → 確認對錯後
進入下一題

NO → 動筆寫寫看

總結　**可以縮短花在「復習會解的問題上」的時間。**

  我的大學生活　平常都在和物理的計算搏鬥，假日則全心投入摺紙創作。

No.036

馬上就能開始　可用於復習　提升幹勁　不拿手對策　注重效率

設定目標
要重量不重質

POINT
● 首先要帶著「量重於質」的意識讀書。
● 量是以時間、問題數和頁數來衡量。
● 完成多少量會反映在學力的提升上。

by 安堂 裕樹

念書要量重於質

經常聽到「學習重質不重量」的說法。我和多數人一樣，也贊同這想法。不過，唯獨問題演練，我**建議採取「重量不重質」、完成大量練習的讀書法**。

理由有二。第一是具體性的差異。

重視量的念書成果，可以透過時間、頁數等顯現出來，很具體；而品質良好的念書成果，則缺乏具體性。雖然常說質比量重要，但幾乎沒有人會具體說明「何謂品質良好的念書？」。那是因為品質的定義有各式各樣，有用同樣的時間可以學得更多、能長久記住不會忘、增強能應付種種問題的能力……等各種說法，沒人可以說了算。

其次，完成大量的練習，品質自然會提高。

這其實似非而是，練習量愈多，就愈能抓到讀書的竅門，慢慢能夠確立適合自己的讀書方法。結果就是讓念書的品質變好。

質與量的關係

× **重視質的K書** < ○ **重視量的K書**

不清楚具體該怎麼做　　　要做的事很明確！

關鍵詞是時間和問題數

重視量的念書法，要定出問題數和時間等目標，並致力於達成目標！

這時要注意，量不要過多。因為必須解的題目數量一多，就會愈做愈沒勁，若無法達成目標還會自我厭惡。假使不善於定計畫，先設定一週左右的短期目標會比較好。

具體範例如下：

● 一週合計自修15個小時 （量：時間）
● 做完10頁問題集 （量：頁數）
● 課本一章份的例題（15題）全部解完 （量：問題數）

不清楚品質良好的念書法應該怎麼做的話，就像上述那樣設定目標，並且把它完成吧！**只要完成目標的量，學力很快會成正比地提升，長期來說，將有助於達成品質良好的念書效果。**

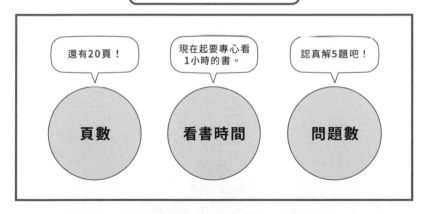

透過量來設定，目標便很明確

還有20頁！
現在起要專心看1小時的書。
認真解5題吧！

頁數　　看書時間　　問題數

總結 **先做到量，品質將隨後跟上。**

 我的大學生活 參加課外活動製作機器人、踏上橫越美國之旅。

No.037

馬上就能開始　可用於復習　提升幹勁　不拿手對策　注重效率

利用電子辭典的查詢
紀錄做字彙總復習

POINT
● 積極利用電子辭典查生字。
● 週末從歷史紀錄檢視查過的字詞。
● 把歷史紀錄想成生詞本。

by 林 伊吹

充分善用電子辭典的歷史紀錄

　　各位都有電子辭典嗎？課堂上禁止用智慧型手機，所以可能會使用電子辭典，但自修時恐怕大多數人都是以智慧型手機查單字吧。其實，用智慧型手機查會吃虧。這一小節要為大家介紹有效活用電子辭典的學習法。

　　查生字全部用電子辭典來查吧！然後**每週末利用電子辭典的歷史紀錄功能復習查過的字詞**。由於不懂的字詞都以電子辭典查過，辭典的查詢紀錄便成了自己的生詞本。

查生詞一定要用電子辭典

刻意不用手機，
以電子辭典來查吧！

\ OFF /

每週末查看歷史紀錄

這種學習法有許多優點：

● 電子辭典會自動記錄查詢內容，不用自己製作生詞卡。
● 查看歷史紀錄等同於復習，因為查過，更容易留下印象。
● 按一下就能跳頁，能夠了解比任何生詞本都要詳盡的內容。
● 不同於手機，沒有娛樂元素，可以專心地學習。

> **每週末利用查詢紀錄來復習**

[例]

●歷史紀錄
‡**ob‧serve**
‡**at**
*****re‧lieve**
‡**be‧yond**
‡**ex‧ec‑u‧tive**
*****stay**
‡**ex‧cel‧lent**
‡**take**

除此之外，電子辭典還附加了許多實用功能。內含各種小辭典，又可以查看圖片，有些機種還附有單字和片語的練習題。

對於念書來說，電子辭典是非常方便好用的工具。請各位一定要有效地活用它。

總結 把電子辭典的查詢紀錄，當作獨一無二的高功能生詞本利用吧！

 我的大學生活 我進入工學院就讀，學習飛機、機器人和人工衛星方面的知識。

No.038

馬上就能開始　可用於復習　提升幹勁　不拿手對策　注重效率

紙本辭典的活用法

POINT
● 認識自己不太會用的單字。
● 利用例句掌握字彙。
● 順便認識鄰近的單字。

by 河　紐羅

在學習上，紙本辭典更實用！

　　各位讀英文查辭典時，是使用紙本的辭典還是電子辭典？我在上大學以前，一直是使用紙本的辭典。上大學後試著用電子辭典，但還是覺得紙本辭典的學習效果更好。因此這一小節，我想彙整一下紙本辭典的活用法。

　　首先，讓我們養成在查過的單字上做記號的習慣吧！我有不清楚的單字或文法，就會查辭典。然後**用色筆或螢光筆在查過的單字上做記號**。

　　這麼一來，下次再為同一個單字查辭典時，便知道以前也查過。這時，就要**用另一種顏色做記號**。持續這麼做之下，可能有一天翻開辭典會發現，原來要查的字已經標上數種記號了。

　　換句話說，查的時候做記號，可以一眼就看到自己無法記住什麼樣的單字或用法，進而集中火力復習那部分。

利用例句掌握字彙

紙本辭典裡有許多與字詞有關的例句，而且一目了然，這一點很實用。電子辭典也有許多例句，但要按下「例句」鍵才會跳出來，且感覺多數的規格都無法同時比較多個例句。還是紙本的辭典比較方便藉由閱讀大量例句，來掌握該單字的實際用法。

尤其，**可以將文法一網打盡**這一點更是紙本辭典的一大優點。電子辭典便不太適合用來查很簡單，但用法、條目眾多的單字（因為要捲動螢幕）。另一方面，紙本辭典則可以跨頁的方式一次查看眾多用法。that、which、of、at 等，愈是不需要查辭典的簡單單字，愈建議查看紙本辭典（網羅式地復習用法，對英文的作文、造句很有助益）。

另外，**能夠順便讀到鄰近的單字**也是紙本辭典的優點。查一個字便自然而然看到上下左右拼法相近的字，發現拼法相近的字意思卻完全不同，或認識所查的字有什麼同義詞、反義詞，進而產生許多趣味。

各位覺得如何？電子辭典有方便攜帶的優點，但即使重了一點，使用紙本辭典仍然有許多獨特的優點。一起來活用紙本辭典，提高字彙能力吧！

Unit 2

演練篇

總結 好好運用紙本辭典，學習單字將更輕鬆！

我的大學生活 參加課外活動和大學的活動，獲得廣泛多樣的經驗。

國 數 英 社 理

No.039

馬上就能開始 ・ 可用於復習 ・ 提升幹勁 ・ 不拿手對策 ・ 注重效率

有不同解法時的學習法

POINT
● 對答案時，要查看不同解法。
● 找出題目敘述的什麼地方，導致有不同解法。
● 可使知識系統化，更有能力應付入學考。

by 林 伊吹

查看不同解法將帶來成長

看問題集的解答會發現，除了一般的解法，有時還會介紹其他解法。對答案時，只確認排在第一順位的一般解法便覺得滿意的人，恐怕不在少數吧？不過，連其他解法也一併確認的話，會帶來進一步的成長。像下列這樣活用不同解法，效果會很棒。

》 如何利用不同解法？

❶ 解題&對答案
→不能馬上看解答。先確認自己的想法是否正確。

❷ 查看不同解法
→這時的重點在於，了解是因為題目的那部分敘述才會想到其他解法。

❸ 復習不同解法的相關領域知識

一個題目可以學到多種範圍，很划算！

問題 → 範圍A → 答案
問題 → 範圍B → 答案

不同的解法，大多都是使用與出題範圍不同的手法來解題。查看不同解法，會讓一個題目增加學習多種範圍的機會。不但如此，因為同時學習多個範圍，**還可以了解不同範圍之間的關係，使知識變得有系統**。知識若能系統化，遇到新的問題時，就能想到各種不同的手法。

Unit 2

演練篇

以學習不同解法來準備入學考試！

大多數的考題，都是由在問題集等處看到的典型問題改編而成。改編時，可能會變更條件或出題方法，**讓通常有兩種以上解法的題目變成只有一種解法**。

例如，請看以下的英文翻譯問題。像這樣出題的話，其中之一的片語會無法填滿空格，若沒有建立系統化的知識，便無法正確作答。

必須建立系統化的知識才能作答

參加～ ——→ 1. take part in ～
有兩種說法 ——→ 2. participate in ～

[例題]請依照中文的意思填寫以下空格。

我昨天參加了宴會。
I (＿＿＿)(＿＿＿) in the party yesterday.

變成不知道 take part in 便無法作答的題目。

這是英文的例子，數學、理工類科目也同樣適用。注意不同解法，讓自己能夠應付各種形式的問題吧！

總結　**對答案時，要連不同解法的思維一併檢視。也一起復習的話更好！**

😊 我的大學生活　大學一年級的四月，我初次造訪澀谷的忠犬八公像。被人潮之多嚇到。

No.040

馬上就能開始 ｜ 可用於復習 ｜ 提升幹勁 ｜ 不拿手對策 ｜ 注重效率

簡單！
講義整理術

POINT
- 按一定的方法整理講義。
- 省下尋找的時間，提高讀書效率。
- 若能有效利用講義，考試分數也會進步。

by 小林 星

講義的分類很重要

上課會發大量的講義。課堂摘要、說明教材用的照片等資料、隨堂測驗等。而且每一科都會發講義，**不好好整理的話，需要時便無法立刻取出**，導致考試前找不到想要瀏覽的講義。還要找的話，既花時間又花體力。

因此，我想為大家介紹在考試前讀書時，容易做復習的講義整理法。

要準備的物品

用具	使用方法
薄型透明文件夾1個（放入書包用）	拿到的講義全部放入文件夾裡。在外面時不必分類，直接放入這個文件夾，以方便回家後進行分類。
附大口袋的文件夾（在家整理用）	每科準備一本。挑選口袋數較多的，以方便整理。
標籤貼紙	在日後想復習或可能會考的部分貼標籤。貼在講義上方，放入附口袋的文件夾後也方便辨識。

首先，最基本要做的是，養成每天必定把手提包裡的講義收進家裡文件夾的習慣。

整理講義的方法

備齊用具後，就趕緊試著整理看看吧！按照以下的程序進行：

1 在拿到的講義上寫下當天的日期。

2 在日後想特別復習的講義上方貼標籤。

3 放入書包的文件夾。

4 回家後，依科別收進各自的文件夾。

在講義標註日期是為了以後講義分散四處時，方便辨識發放的順序，以便尋找與筆記相對應的講義。

另外，考試前可不讀的資料或很簡單的小考等，由於以後不需要復習，不妨收在文件夾最後面的口袋裡。這麼一來，日後復習時就會很清楚該復習哪些部分。

建立整理規則會更輕鬆

學校

講義 | 12/4 | 12/2

文件夾 | 12/4

家裡

文件夾 | 12/4

數學 | 英文 | 古文 ...

學校發的講義，通常是學校老師認為最適合所有人的教材。**若能整理講義並有效運用，考試分數絕對會進步**。請各位務必試著實踐這套整理術！

總結 用固定的方法整理講義，以提升讀書效率！

 我的大學生活 長假中，用自己打工存的錢和朋友出國旅行很快樂。

Unit 2 演練篇

No.041

馬上就能開始　可用於復習　提升幹勁　不拿手對策　注重效率

列出自己的弱項

POINT
- 看課本或問題集時，列出自己不能理解或不會解的部分。
- 檢視自己的實力，克服弱項！

by 河 紐羅

不拿手的科目並非全不拿手

段考或大學入學考要得高分，克服自己的弱項很重要。不過即使想要克服，執行起來談何容易。往往會認為不拿手的科目全部都不拿手，變得不知道該從何處下手。

有不拿手科目的人，恐怕是在平時上課、不斷考試的過程中，逐漸產生這樣的認知吧？但事實上，不可能整本課本的內容都不會。比方說，怕數學的人也是有會解的題目。

因此，**消除這種害怕心理的第一步，就是找出自己不擅長的部分**。只要找出不擅長的部分集中特訓，就能夠改善情況。

列出自己的弱項

首先，快速翻閱課本或問題集，區分會解和不會解（或沒有把握）的範圍。然後**嘗試解不會解的範圍的問題；從難度不高的題目做起**。假如一開始就不會，那表示連基礎都沒能理解；若是較難的題目解不出來，那麼只要掌握應用部分的解法就行了。

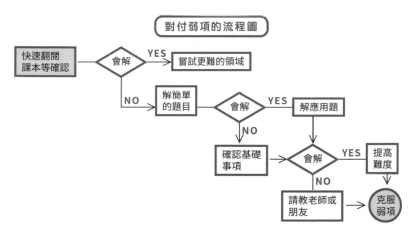

列出自己的弱項

區分會解和不會解的範疇。

弱項清單

　　找出真正「不拿手」的範圍並列表，就能知道自己的課題。與其毫無計畫地把問題集從頭做到尾，不如採用這種方法，盡可能輕鬆地慢慢克服自己的弱項！鎖定真正應當設法克服的範圍和問題，藉由每天練習做題目、問老師或朋友，可以有效率且有效果地克服不拿手的範圍。

對付弱項的流程圖

快速翻閱課本等確認 → 會解 → YES → 嘗試更難的領域

會解 → NO → 解簡單的題目 → 會解 → YES → 解應用題

解簡單的題目 → 會解 → NO → 確認基礎事項

解應用題 → 會解 → YES → 提高難度

會解 → NO → 請教老師或朋友 → 克服弱項

提高難度 → 克服弱項

　　任何人都會有「弱項」。**真正重要的是，學會遇到不拿手的事物時如何克服它**。為免在今後的考試中扯自己後腿，盡早找出不拿手的部分，設法克服吧！

總結　　**如果想克服弱項，找出自己真正的弱點很重要。**

我的大學生活　　開始獨自生活後，早上爬不起來，沒時間吃早餐……。

No.042

馬上就能開始　可用於復習　提升幹勁　不拿手對策　注重效率

筆記本分兩半

POINT
● 需要運算的科目作答時，在全白筆記本上畫一道直線。
● 寫答案時注意保持整潔。
● 容易閱讀的解答也可防止出錯。

by 中島 悠夏

把筆記本分成兩半吧！

各位用筆記本寫數學和理工類科目的題目時，有什麼特別的巧思嗎？只是正常地做題目實力當然也會增強，不過我認為有種做法更能夠培養應付考試的能力。

我實際試過的方法是，先準備全白的筆記本，然後**在中央畫一道直線，把頁面分成兩半再做題目**。

各位也許不解：「為什麼要把全白的筆記本特地分成兩半呢？」這是有原因的。

》實際考試的答案紙即是全白的紙張

練習階段也同樣在白紙上解題，以便正式考試作答時能夠寫得整整齊齊。

》沒有格線比較方便插入補充內容

算式寫到一半發現有誤時，若有格線會不方便在式子之間插入書寫。

基於以上原因，所以建議使用全白筆記本。

為什麼需要直線分隔？

　　現在各位應該明白了全白筆記本的必要性。那麼，為什麼需要直線分隔呢？這是用來幫助自己把算式寫整齊。整齊的算式可以防止計算失誤。

　　沒有直線分隔一直寫到底的話，算式會變得很長。這樣可能寫著寫著式子就歪了，變得不好閱讀。

　　這個小動作具有**讓算式整齊、減少失誤，假想正式考試的情況練習寫答案紙**之類的好處。

　　只是畫一道直線的小動作，現在就立刻試試看，如何？

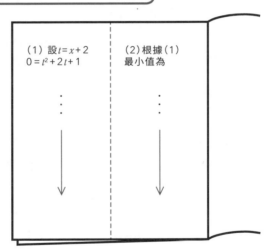

算式直向排列會比較容易看清楚

（1）設 $t = x + 2$
$0 = t^2 + 2t + 1$

（2）根據（1）
最小值為

帶著讓自己和批改試卷者都方便看清楚的意識作答！

總結　設法讓算式整齊、避免計算失誤，考試時答題也會整整齊齊的。

我的大學生活　我身兼補習班講師和麵包店工讀生等工作。能夠體驗各種工作的時期唯有現在!?

No.043

馬上就能開始　可用於復習　提升幹勁　不拿手對策　注重效率

筆記本分成２：１
有助於復習

POINT
● 把筆記本直向分成２：１。
● 用左側的空間作答，右側空間彙整知識。
● 可以有效整理知識。

by 永山 龍那

不光解題目的筆記本

　　用功準備理工類科目時，應該常常會利用筆記本練習做題目。答錯或不懂時，如果能將自己不足的知識或技巧整理在筆記本裡，可能會帶來日後的成長。因此，我要介紹將知識整理在解題筆記本上的手法。

　　事先依２：１的比例，將筆記本縱向分成兩部分，利用左側2/3的空間作答，右側1/3的空間寫看過題目解析後所得到的知識。

　　先解題，有不懂的地方再看題目解析，要比掌握所有知識之後再解題得到更多的知識。

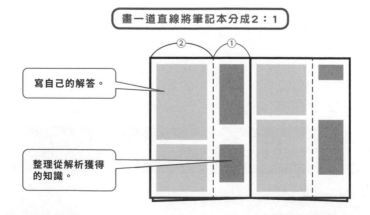

畫一道直線將筆記本分成２：１

寫自己的解答。

整理從解析獲得的知識。

有效運用在解其他題目時

通過問題獲得的知識，其他問題很可能也用得上。如果像上述那樣做整理，自己的解答和新取得的知識就會並列在筆記本上，因而**得以一邊檢視自己錯在哪裡、一邊學習**。可回頭檢視解題時所欠缺的知識和技巧，並方便復習。

比方說，數學或物理的問題難度愈高，愈常出現不知道解法就看不懂的題目。或是，理應記得的基礎知識，不知道使用時機的話便永遠解不出來。

另外，化學的問題也經常出現以前不曾處理過的物質和計算方式。別只是滿足於解題、看解析，或是重解一次，整理從解析獲得的新知識也很重要。

簡潔明瞭的版面配置，復習起來更方便

定期復習右側整理好的知識吧！

總結　　　日後可以輕鬆確認自己不足的知識。

 我的大學生活　雖然是理組，但我也修完文化人類學，掌握新的思維是很有趣的事。

國 數 英 社 理

No.044

馬上就能開始

可用於復習

提升幹勁

不拿手對策

注重效率

利用活頁紙自製問題集

POINT
● 用活頁紙製作專屬自己的問題集。
● 題目寫在正面，背面則寫重解得出的答案。
● 彙整保存。

by 服部 篤樹

用活頁紙彙集所有做錯的題目

　　大家在解問題集時，是用什麼方式復習做錯的題目呢？在問題集上做記號之後再重解的做法當然也很好，可是課本和問題集一旦增加，要帶的東西就會變多，也會容易看漏記號。

　　因此，我充分利用活頁紙解決這個問題。具體來說，就是按照以下的程序把做錯的題目整理在活頁紙上。

❶　查看做錯題目的解答。

❷　把題目敘述抄寫在活頁紙正面。

❸　重解一次（不看解答）寫在背面。

❹　把❶～❸寫好的活頁紙用活頁夾整理起來。

　　一張活頁紙寫一題，就這樣做成一本自己專屬的問題集。

正面寫題目，背面寫解答

（正）
問題

（反）
解答

一頁只寫一題。

不是抄解答，而是自己重解一次。

這方法有三點好處：

》在活頁紙上寫答案的時間不會白費

不是抄答案，而是自己重解一次，因此可以同時復習並做成筆記。

》復習時不必費事地遮答案，就可以再解一次

假使題目和解答寫在同一面，就需要遮住解答，所以這麼做可以當成一般的問題集使用。

》可輕易抽換題目

每一張活頁紙只寫一題，抽掉活頁紙即可移除復習完成的題目。

週末移除已解出的題目

現在來說明這本問題集的使用方法。

❶ 把一週內做錯的題目用活頁夾整理起來。

❷ 週末重解一次。

❸ 解出後就取下活頁，整理成另一本活頁夾收在家裡，不會解的題目則繼續留著。

❹ 之後繼續解題，直到解出答案才移除。

像這樣善用活頁問題集，即可針對真正需要復習的部分做加強，同時輕鬆管理曾經做錯的題目。請各位務必一試。

總結 把做錯的題目彙整保存，使復習的管理變輕鬆！

我的大學生活 和研究室的朋友一起吃午餐、晚餐是我每天的樂趣。

Unit 2 演練篇

No.045

馬上就能開始　可用於復習　提升幹勁　不牽手對策　注重效率

先把一本問題集
鑽研透徹

 POINT
- 若要提升實力，先把一本鑽研透徹。
- 任何問題集的功效都幾乎一樣。
- 基礎徹底掌握後，再買下一本問題集。

by 安堂 裕樹

中途更換是大忌

　　去到書店，見店裡販售著各式各樣的問題集，目光肯定會被吸引過去，是吧？想要參考網路上的評價，卻發現種種評價莫衷一是，讓人更加難以抉擇。

　　不過，對於「想將所有問題一網打盡、增強實力的人」，我能給的建議就是「把一本問題集練到無懈可擊」。

　　理由是，**只要是依「在有限的題數內，網羅一科所有內容，以便有效率地學習」的目標編製，必然會做出內容相近的問題集**。按照入學考出題傾向編製的問題集，更是如此。

　　我建議先把一本問題集練到無懈可擊。藉由鑽研一本，達到網羅式的學習。

更換問題集，解不出的問題還是解不出

✕　問題集

一本沒研究
透徹就換別
本的話……

問題集　問題集

NG　　NG

**其他問題集的題目
照樣不會解。**

○　問題集

一本研究透徹
的話……

問題集　問題集

OK　　OK

其他問題也同樣會解。

精通一本之後再做其他問題集，會發現很多題目與自己做過的問題集類似。反之，沒把一本研究透徹就換另一本的話，**小心什麼都沒累積，唯有碰都沒碰的問題集愈來愈多。**

只是要強化基礎，就用學校發的問題集

我再補充說明一點，假使目的是要跟上高中（升學率超高的學校除外）授課、段考程度的話，**其實根本不必買問題集，輔助教科書的問題集應該就夠了**。認真做完這一本打好基礎，慢慢就能解答各式各樣的題目。

想當然耳，光是買問題集無助於提高自己的程度。先徹底做完輔助教科書的問題集，使基礎完善之後，為了更上一層樓再去書店買問題集……這才是理想的做法。

強化基礎只需要輔助教科書的問題集

輔助教科書的問題集

一般的學習用這本就足夠。

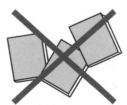

其他問題集

基礎型的問題集都會了之後，再考慮購買別本。

總結 專心研究一本問題集，是提升實力的最快方法。

> 🙂 **我的大學生活** 研究做累了，就會去校園內的咖啡館坐坐。

國 **數** 英 社 理

No.046

馬上就能開始　可用於復習　提升幹勁　不拿手對策　注重效率

自修數學的最佳工具！
思考記錄簿

POINT
● 做題目的同時，也記下自己在意的重點。
● 利用活頁紙當數學自修筆記。
● 錯了也不要擦掉。

by 林 伊吹

可了解自己的思考軌跡

　　課堂外自修鑽研問題集時，很多人會把解題過程寫在演練用的筆記本上。一旦要做筆記，常常會不自覺地想寫得整整齊齊，變成只記錄正確答案、接近模範解答的筆記本。

　　不過，**演練筆記重要的是了解解題的過程，而不是把解答寫得整齊漂亮**。因為是只有自己要看的筆記，沒有必要整理得很漂亮，做成事後重看時，可以知道自己當時是怎樣思考的筆記吧！這一小節要介紹如何製作效果極佳的演練筆記，以供參考。

　　在製作演練筆記上，希望各位要有意識地「把解題時的想法全部記下來」。做筆記時請謹記下列事項：

● 用活頁紙做筆記。
● 靠頁面的左側書寫，右側稍微留白。
● 做錯了也不要擦掉，打上「×」記號。

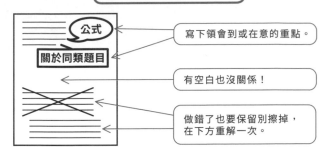

不要做成只有解答的筆記

寫下領會到或在意的重點。

有空白也沒關係！

做錯了也要保留別擦掉，
在下方重解一次。

首先，建議用活頁紙當筆記本。因為日後重讀時如果想補充重點，用活頁紙會比較方便加頁。

把解題過程中在意的事，寫在那一題的旁邊吧！可以想到的有「這公式叫什麼來著？」，或是「以前沒做過類似的題目嗎？」等等。

解題方向錯誤所得出的答案，也是很可貴的復習材料。請打上「×」記號且不要擦掉，把新的解答寫在下方吧！不妨當作是為自己腦中的畫面如實留下記錄，用這樣的心態製作演練筆記。有時寫著寫著，想法會愈來愈成熟。

演練筆記的重點

把自己在解題時想到什麼，記錄在筆記本上。

這公式是怎樣的公式來著？

總結 製作數學演練筆記，就像是把當時腦中所思所想全部寫出來的感覺。就像是在寫草稿。

我的大學生活 基本上，早上都睡得很晚，第一節有課的日子是早上8點半起床……。

No.047

馬上就能開始　可用於復習　提升幹勁　不拿手對策　注重效率

藉著朗讀
增進閱讀理解力！

POINT
● 艱澀的英文、古文，用朗讀的學習效果不錯。
● 學會從前面依序翻譯。
● 閱讀速度和翻譯速度若能一致最理想。

by 永山 龍那

理想情況是閱讀速度=翻譯速度

英文、古文的主要題目文字敘述都很長。兩者都是要竭盡全力才能看懂題目的冗長句子，相信大家都有過因此導致答題時間不夠的經驗吧？邊閱讀眼前的文章、邊核對記得的文法當然很重要，可是那樣會耗掉太多時間，使得解題的時間不夠。

這時，朗讀很有效。為了擺脫死背文法的狀態、提高閱讀速度，照著朗讀時腦中會同時浮現意思的方向努力，**致力達到「閱讀速度=翻譯速度」的狀態吧**！

> 讀出來，以便能同步理解其涵義

$$\boxed{\text{閱讀速度} \quad = \quad \text{翻譯速度}}$$

一開始做不到很正常，沒關係。要流暢地讀出英文、古文本來就不容易。因此，首先要把譯文看過一遍，或試著很自然地讀出來。假如教材有附聲音檔或CD，播放音檔跟著複誦也是很好的做法。

起初會很生硬，但持續朗讀之下，漸漸就能順暢無礙地讀出文章。能夠流利地讀出來，就表示知道文章的斷句。

無法順暢讀出來的部分要復習

另一方面，不能順暢地讀出來的句子，可能是自己對那句話有不明白之處或疑問，應該是有自己不認識的生詞或文法，在查明原因出在哪裡之後，有必要確實做復習。另外，若感覺自己記得的生詞、文法根本不夠，也可以同時進行生詞、文法的背誦。

● 復習文法，找出該斷句的地方。
● 復習生詞，查生詞的意思和發音。

如同上述，最終目的應該是在閱讀的同時，腦中能浮現它的意思。**若能邊讀邊自然地想到生詞、文法的意思，英文、古文的閱讀理解問題相信就能迎刃而解。**

此外，增進英文朗讀能力還可以同時培養聽力，可說是一箭雙鵰。

Unit 2
演練篇

朗讀不順暢的句子要復習

春曉甚美。

東方漸白，山後微明～

文法和生詞，要復習到能夠配合朗讀的速度譯出文義。

總結　　**朗讀可以提高文法的應用速度，增進閱讀理解力！**

 我的大學生活　我假日會去散步。平常一、兩站的距離就會用走的，當作散步。

No.048

馬上就能開始 ・ 可用於復習 ・ 提升幹勁 ・ 不拿手對策 ・ 注重效率

畫圖以藉由視覺理解

POINT
- 利用圖像而非文字來理解題目。
- 即使題目沒有文字敘述也要畫圖。
- 對考試答題也有幫助。

by 林 伊吹

畫圖時的四個要點

全文字的小說和附插圖的圖解書或漫畫，哪一種比較容易讓人留下印象？恐怕是後者，對吧？因為**人看到圖像比看到文字更容易在腦中浮現畫面，能用視覺留住記憶**。

學習上也是同樣的情況。理工類科目只靠算式和文字並不容易理解，但用畫的，讓人比較容易想像題目的情況之後，就能夠理解。因此我要介紹畫圖時的四個原則。

❶ 自己從頭畫起

首先一定要自己畫，在筆記本或答題用紙上從頭畫起。藉由自己動手畫來加深理解。

❷ 畫大一點

圖要畫大一點，以便事後可以追加更多訊息。字寫得很小、不易看清楚的話，畫圖的意義也會減半。

❸ 要畫得工整些

一看就能理解很重要。雖然不一定要用尺，但大小和直角等要畫到具有一定的準確度。

❹ 把所有訊息寫在圖上

要畫得讓人只看圖就清楚題目的所有條件。因為同時看到圖和條件可使訊息整合，成為解題的重要依據。

對理工類科目的題目很有效

理工類科目的題目多半只給文字，不畫圖很可能會不明白題目描述的狀況，到最後都解不出來。

況且很多細節要畫了圖才會發現。尤其是理工類科目的問題，即使題目中沒有記載，還是要先畫圖來想像題目的狀況。

》可利用圖像來理解的問題範例

• 數學的圖形問題
• 數學畫圖表的問題
• 物理的力學問題
• 物理的電子迴路問題　等等。

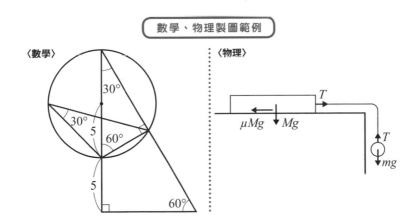

數學、物理製圖範例

最後補充一點。

在考試的答案紙上留下工整的圖，以凸顯自己的理解程度吧！不僅是自己，對改考卷的人來說，又大又工整的圖也比較容易看懂。即使不知道答案，但有畫圖就可能拿到部分分數，所以考試時也積極地畫圖吧！

總結　又大又工整的圖有助於理解，
請掌握四點原則來畫圖吧！

No.049

馬上就能開始　可用於復習　提升幹勁　不拿手對策　注重效率

分辨是「換一種說法」或「說明理由、原因」

POINT
- 首先要正確讀懂題目。
- 判斷是要「換一種說法」或「說明理由、原因」。
- 現代文的題目大致分為這兩種類型。

by 松下 天風

現代文要先徹底讀懂題目！

　　考完現代文後明明覺得寫得很順，但分數卻很低……，各位也有過這樣的經驗嗎？這種情況多半是對題目要問什麼解讀錯誤。

　　現代文最重要的就是正確解讀題目的意思。就算答題的文句寫得再怎麼優美，但文不對題也拿不到分數。讓我們先從好好正確解讀題目的意思做起吧！

　　說是「正確解讀」，但其實不必想得太複雜。現代文的題目問法只有兩種：

- 「○○是什麼意思？」──換一種說法
- 「為什麼會○○？」──說明理由、原因

　　幾乎所有題目都可歸納為上述兩類。

現代文的題目大致分成兩種類型！

| 1 換一種說法 | 2 說明理由、原因 |

就是這兩種答題方向！

ex:「〇〇是什麼意思？」　　ex:「為什麼會〇〇？」

兩種類型各自的答題重點

我們已經知道現代文的題目可以分成兩種類型，現在我把這兩種類型作答時，各自要注意的答題方式和要點等整理成下表：

兩種類型的問法、答題法、注意要點整理

	換一種說法型	說明理由、原因型
問法	「〇〇是什麼意思？」 「何謂〇〇？」 「試說明〇〇。」	「為什麼會〇〇？」 「〇〇怎麼了？」 「試說明〇〇的理由。」
答題法	找出文章中對〇〇部分的其他表達方式。	找出作者這樣描述〇〇的理由、發生〇〇的理由，或變成〇〇狀況的原因。
注意要點	採用「所謂〇〇，就是～」的句型，開門見山地回答題目所問的內容。	採用「因為～，所以～」的句型，把那就是原因寫得很清楚。

回答現代文的問題，要養成讀完題目**先判斷它屬於「換一種說法」，還是「說明理由、原因」**的習慣！

| 總結 | **正確掌握題意，判斷是要回答「另一種說法」還是「理由、原因」吧！** |

 我的大學生活　我的便服少有變化，所以好想回到穿制服的高中時代。

No.050

馬上就能開始　可用於復習　提升幹勁　不拿手對策　注重效率

補充在地圖上的學習法

POINT
● 地理科要善用地圖學習。
● 養成念書時手邊時時擺份地圖的習慣。
● 利用視覺學習。

by 林 伊吹

地誌要搭配地圖一起背

　　地理科的重頭戲就是世界各個地區的地誌。不但要背的內容很多，而且又是自己不熟悉的土地，許多人都會在這裡受挫。

　　不過，把地誌要背的內容與地理位置連結起來一起背，就會比較容易理解。這一小節我要介紹活用地圖學地理的方法。

≫ 學習步驟

① 在筆記本上畫出國家和地區的外形。

② 寫上地形：畫出河川、湖泊、山脈等。

③ 寫上產業：寫出農作物、工業地帶、油田、煤礦區、礦產等。

④ 在地圖四周追加補充內容：用箭頭等，與地理位置互相連結做補充。

⑤ 依需要的項目繪製地圖（應用）：可應用在宗教、民族等各種方面。一起來製作各式各樣的地圖吧！

繪製地圖的要點

》畫輪廓線要注意半島和海灣

不必畫出每一個凹凸變化。但半島和海灣這種與產業相關的特徵要畫出來。

》用原子筆畫輪廓線

這是為了避免想塗改所寫的內容時，連輪廓線一併擦掉。

》靈活運用各種顏色

例如山脈用褐色、河川是水藍色等，妥善利用顏色區分，讓人一眼就能看出哪裡有什麼。

》產業很多時，要把農業和工業分開做成兩張地圖

基本上都是一張地圖，但像美、中兩國的農業和工業都很興盛，這種產業眾多的情況就要依領域分別製作地圖。

》念書時把世界地圖放旁邊

畫出地圖，然後邊想著相對位置邊寫入補充的內容。所謂的地理就是世界。我們在把握世界的樣貌時，視覺很重要。所以念書時也要善用地圖。

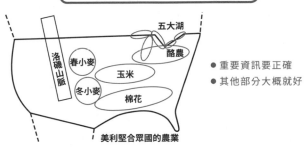

只要抓住重點，地圖可以不必精細

五大湖
洛磯山脈
春小麥
酪農
玉米
冬小麥
棉花

● 重要資訊要正確
● 其他部分大概就好

美利堅合眾國的農業

總結　畫地圖並寫上地形、產業內容。
地誌應當與地理位置連結起來一起背。

 我的大學生活　長假中時間很多，我會出國到各處旅行。

No.051

馬上就能開始 ・ 可用於復習 ・ 提升幹勁 ・ 不拿手對策 ・ 注重效率

可了解梗概！
漫畫活用法

POINT
● 活用漫畫以導入學習。
● 很適合需要了解演變過程的科目。
● 搭配問題集，基礎就更穩固了！

by 林 伊吹

　　我想許多人一聽到古代經典、世界史、本國史，就會覺得很難。這種時候我建議看漫畫。為各位介紹利用「乍看之下似乎與學習不相干的漫畫」來學習的重點。

漫畫的優點是輕鬆愉快和容易想像

≫ 可以輕鬆閱讀

　　眼前如果有漫畫和文字書，相信大部分的人都會選擇看漫畫。

　　漫畫絕對是可以輕鬆閱讀的讀物中的第一名。

≫ 容易想像情景

　　漫畫是利用圖解展開故事，所以讀過的內容會直接以畫面的形式留在腦中。

　　因此，它比文字更容易固定在記憶裡。

≫ 可以用很短的時間讀完

　　看漫畫不需要想像內容，所以可以看得很快。就算重複讀也不會花太多時間。

不妨在上課前，先閱讀那堂課要教內容的漫畫作品。對內容有印象或沒印象，上課的理解度會大不相同。為了有效利用上課時間，先找出上課要教內容的原著，或根據原著畫成的漫畫來看吧！

各科目的漫畫推薦清單

古文	《源氏物語》大和和紀／著（講談社）
漢文	《史記》橫山光輝／著（小學館文庫）
世界史	《世界歷史》（集英社）
日本史	《日本歷史》（集英社）

※此為針對日本考生的推薦清單，讀者可自行尋找合適的書來閱讀。

務必搭配問題集一起研讀

漫畫雖然能幫助我們理解作品，但只看漫畫會停留在理解故事大綱的程度。**看漫畫理解梗概之後，再藉由做問題集掌握細部知識，效果會很好**。

重點是要找到自己覺得有趣、簡單易懂的漫畫！上書店、圖書館，或透過網路等工具找找看吧！

如果頁數相同，看漫畫的速度比較快！

文章

漫畫

（時間）

先看漫畫掌握梗概！

總結 要掌握一門科目的概要，漫畫是最好的工具！
了解梗概之後就努力解題吧！

 我的大學生活 讀書、課外活動和打工，我三方兼顧，過得非常充實。

No.052

 馬上就能開始 可用於復習 提升幹勁 不拿手對策 注重效率

增加接觸時間、提升英文能力的技巧

POINT
- 利用上下學和回家後的時間接觸英文。
- 有效利用原文書和電影字幕等。
- 用英文欣賞喜歡的作品。

by 服部 篤樹

 把英文融入日常生活

　　高中時，我最怕的科目就是英文。嘗試過各種學習法和參考書，但英文的閱讀速度並未提升，聽也無法完全聽懂，總抹不去心裡對英文的害怕。

　　這時，我想到常聽人說「出國留學經常接觸英文，英文自然會進步」的說法，於是時時牢記著要經常接觸英文。首先，和以前一樣讀英文的參考書，但只在念書時間讀，休息時不讀。同時，**在念書時間以外增加接觸「非考試用英文」的時間**。

　　例如上下學的時間讀英文小說、聽Podcast的英文節目取代滑手機。另外，回家後看電視或電影時，也改成看附英文字幕的英文電影，而不看配音版。

學英文的方法有很多

原文書

Podcast

"Aaaaa bbbb cccc dddd"

英文字幕

增加接觸英文的時間

　　讀英文小說不僅可以習慣小說中獨特的說法，還能輕鬆享受英文的趣味，通勤時閱讀也不會覺得吃力。而走路上學時聽Podcast的話，可以邊走邊聽英文很方便。另外，看有字幕的電影時常常會有「我知道這一句的意思！」的體驗，因而慢慢對英文產生自信。

　　以下的作品和頻道，我要推薦給各位：

- 小說：Roald Dahl（羅爾德・達爾）的作品。
- Podcast：Bilingual News（雙語新聞）、TED。
- 電影：Harry Potter（哈利波特系列）。

　　當中，我尤其喜歡羅爾德・達爾的小說。他的小說句子很短、很好閱讀，因此推薦給大家。他的作品，像是《巧克力工廠的祕密*》還曾被改編成電影。另外，TED可以聽到簡單易懂的英文和有趣的話題，會樂在其中不覺得膩。我就是用它來訓練聽力的。

　　最後，**透過英文欣賞自己喜歡的作品，同時增加接觸英文的時間，能夠確實提高你的英文能力。**

> 不用參考書也能學習，正是英文的特色。

＊台灣上映時的電影片名是「巧克力冒險工廠」。

總結　**增加接觸英文的時間，可以鍛練你的英文實力！**

 我的大學生活　因為參加世界羅浮童軍大會，和朋友去了一趟美國沙漠。

國 **數** 英 社 理

No.053

馬上就能開始　可用於復習　提升幹勁　不拿手對策　注重效率

考試前的總復習
要挑重點

POINT
● 要從不拿手的範圍開始復習。
● 回頭看以前的考卷，找出不拿手的範圍。
● 復習完不拿手的部分後，接著復習常考的範圍。

by 林 伊吹

數學的總復習不能從頭照順序復習

　　許多人在認真開始準備考試時，都認為第一步就是把以前學過的內容來個總復習。總復習時，基於「想做到完美」、「不知道該從哪裡復習起」，往往便從課本第一個單元開始依序看下去。

　　絕對不要這麼做！為妥善利用有限的時間、有效率地增強實力，**總復習一定要從不拿手的範圍開始**。

　　應當從不拿手的範圍開始復習，主要有兩個理由：

❶　分數進步的空間大，最容易帶動成績的提升。

❷　努力投入不拿手的範圍會獲得成就感，讓自己有自信。

　　不拿手的原因多半是因為基礎沒打好，只要抓到一點訣竅，分數就會大幅上升。再說，就算很用功、復習很多遍，但如果一直回避自己不拿手的部分，就無法消除心裡的不安。讓我們一開始就克服不拿手的範圍，讓讀書更有動力吧！

總復習應當從不拿手的範圍開始

✕
依序復習

| 三年級上學期 |
| 二年級下學期 |
| 二年級上學期 |
| 一年級下學期 |
| 一年級上學期 |

○
挑重點復習

不拿手的範圍	←
不拿手的範圍	←
常考的範圍	←

檢討考卷最適合用來復習不拿手的範圍

要復習不拿手的範圍，重看以前的考卷是不錯的做法。如果有留下所有的段考考卷，就用那些考卷吧！另外，也可以參考模擬考成績單上各個範圍的成績。這時，當然要檢視分數一直很低的部分，不過**檢視分數時好時壞的範圍也很重要**。

時好時壞就表示對某些部分理解不足，可說是「隱性的不拿手範圍」。這部分也要徹底採取對策。

考試的分數會如實反映出自己的實力。儘管心理上會不好受，還是咬著牙重看考卷吧！

不拿手範圍OK了，就進攻常考範圍

對於自己很擅長所以沒有太多不拿手範圍的科目，或是已經復習完不拿手範圍的科目，下一步就是要全力復習自己想報考的學校經常出題的範圍。

關於想考的學校經常出題的範圍，問學校老師是最好的方法。不過，我要特別告訴大家我自己認為的前五大數學常考範圍，不妨重點式地復習這五大範圍。

數學考試常考範圍

三角函數
指數、對數函數
1、2

微積分
3

向量
數列
4、5

按照順序復習雖然也很重要，但先克服自己的弱項，以最快的方式提高分數，才能讓自己沒有弱點！

總結 總復習一定要從不拿手的範圍開始！
絕對不可按照順序復習！

 我的大學生活 大致上我都是在大學的食堂吃午餐。便宜又好吃，深得我心。

國 數 英 社 理

No.054

馬上就能開始 ｜ 可用於復習 ｜ 提升幹勁 ｜ 不拿手對策 ｜ 注重效率

大家一起解題

POINT
- 讀書並非一個人單打獨鬥。
- 和朋友一起解同一個題目會學到新的東西。
- 好點子會在討論中誕生。

by 永山 龍那

大家一起解題可練就新的能力

正如俗話說「三個臭皮匠勝過一個諸葛亮」，多人一起研究一個問題，就會有新的發現。讀書也是同樣的道理，和朋友一起解同一個題目也可能帶來新的學習。

一個人在房間裡靜靜地用功，難道不會不知不覺就鑽進牛角尖嗎？

當然，背誦和實力測驗等方面，獨自專心投入應該比較有效。不過考驗思考能力的題目，基於下列原因，大家一起解題的效果會比較好。

- 把想法轉化成語言，可以梳理腦中的思緒。
- 對於解法不明的問題，大量地推想會更容易理出頭緒。

讀書並非孤獨面對的事

談到這裡，是不是有人會有疑問：「假使要做，一定要找比自己聰明的人一起念書，否則就沒意義不是嗎？」 就結論來說，**和什麼人一起念書都有效果**。

依科目類別，把朋友分成能力比自己強、與自己相當、比自己弱三類。和不同程度的人一起念書，分別會有以下收穫。

不論和什麼人一起學習都有好處

和自己比較	做法
擅長的人	可以學習自己想不到的解法和觀點。
程度相當的人	可以一起研究同樣程度的問題。
不擅長的人	一起檢查錯在哪裡，可以重新檢視自己無意識使用的公式或思維。

　　另外，務必和實力與自己相當的人一起挑戰較難的題目。**這麼做會比一個人更容易想到好主意，而且說不定透過討論能解出平常解不出來的問題**。實力與自己不相上下的朋友，準備考試的過程很可能與自己相似，可以互相鼓勵、交換情報，非常可貴。

　　讀書也許給人孤獨的印象，但其實並非如此。若能跟大家一起讀書，它就會伴隨著樂趣與更多學習。

大家一起研究就會有新發現

| 總結 | 和朋友一起解題會有新的收穫！ |

😊 〈我的大學生活〉 周遭全是擅長物理和數學、很厲害的人。

No.055

馬上就能開始　可用於復習　提升幹勁　不拿手對策　注重效率

事先決定讀書場所

POINT
- ●固定在同一個場所念書。
- ●只要去到那裡自然能進入念書模式。
- ●適合念書的環境有條件限制。

by 服部 篤樹

事先決定念書場所

　　啟動念書的開關，遠比繼續維持念書狀態困難得多，因為需要先提高自己對念書的熱情。**要迅速啟動念書模式有一個辦法，就是在固定的場所念書**。比方說，圖書館＝念書場所之類的，一旦事先定出到什麼地方要做什麼事，只要去到那裡，就會比較容易啟動開關。

事先決定每個場所要做的事

念書　　休息　　背誦

　　只是，固定場所還不夠。重要的是那場所要「適合念書」。我認為的理想念書場所有以下條件。

理想的學習環境

1	2	3
沒有娛樂設施	寧靜的氣氛	有其他人在讀書

　　現在我要分別說明這些條件的理由。第一，假設附近有漫畫、電腦等娛樂設施，可能念書前就溜去玩了。第二，如果環境嘈雜，會漸漸無法專心思考。第三，如果只有自己在讀書，需要從零開始營造讀書氣氛，但如果已有其他人在讀書，受到那氣氛影響，自己也會想要讀書。

　　那麼，一起來想一想符合這些條件的場所吧！教室的話會忍不住和朋友聊天，速食店則人聲嘈雜、無法保持專注，因此我都不建議。

　　另一方面，自修室和圖書館就很適合，對吧？

適合念書的場所

○適合	學校自修室、圖書館、補習班　　等等。
✕不適合	家裡、學校的教室、速食店　　等等。

　　在良好的念書場所中選出一、兩個，以後要讀書就去那裡，並保持這樣的習慣吧！這樣的話，去到那裡自然就會想要念書。即使是再怎麼不想念書的日子，也姑且先去念書場所，這麼一來應該就會自然而然地開始讀書了。

總結	固定念書場所，以便更容易進入念書模式。

 我的大學生活　我經常和朋友深入討論新的技術。

No.056

馬上就能開始　可用於復習　提升幹勁　不拿手對策　注重效率

換地點提振精神讀書法

POINT
● 不要老在同一個地點念書，要換不同的地方。
● 分成平日和假日。
● 不妨以專注度為判準。

by 小林 星

　　各位平常都是在哪裡念書呢？學校、圖書館、咖啡店、補習班自修室等，我想地點應該有很多吧。在同一個地點持續念數小時的書，專注力會中斷，因此看時機適時地更換地點，念書會比較有效率。關於念書場所，我想大致分為平日和假日兩種情況為各位介紹。

平日（自修時間較短）

　　可以念書的時間較短的日子，頻繁地更換地點會減少念書的時間。例如從補習班的自修室移動到圖書館之類的，會把本來就不多的時間花在路程上。再說短時間的話，基本上都能維持專注。

　　因此，建議平日可以用以下方式更換地點：

　　學校 → 圖書館或自修室 → 車上 → 家裡

　　車上是非常好的念書場所。若能在行進間背重點，坐在書桌前的時間就能用來做其他學習，效率會很好。

　　此外，在家裡如果能從自己的房間換到客廳（也有可能反過來）去念書，也會是不花時間就能轉換心情的好辦法。

假日（自修時間較長）

假日可以撥出較長的時間念書，因此相對應地**增加換地點的次數，效果不錯**。以下只是舉例，我以前就是像這樣換地點念書：

家裡 → 圖書館 → 車上 → 自修室 → 家裡(客廳) → 家裡(自己房間)

建議換地點的時機如下：

● 變換科目時。
● 吃飯時。
● 覺得睏了。

比起按時間更換地點，**以專注度為判準更換地點效果會更好**。當你能夠專注時，沒有必要刻意換地點。

我想我們當中，可能有人只有在家才能念書。相反的，也有人在家念就會偷懶，只能在外面念書。這樣的人要試著注意家裡的念書空間，或者乾脆減少在家念書的時間、多在外面念書，依適合自己的方式選擇地點。

場所是專心念書一個很重要的條件。請務必尋找適合的地點！

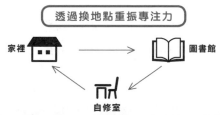

透過換地點重振專注力

家裡　→　圖書館

自修室

> **總結**　藉由更換念書場所使專注力提升！
> 交通工具上也是很好的念書地點。

 我的大學生活 和朋友同遊江之島、一起外宿，很快樂！

Unit 2

演練篇

No.057

馬上就能開始　可用於復習　提升幹勁　不拿手對策　注重效率

趕走瞌睡蟲的方法

POINT
● 念書時覺得想睡的對策。
● 嘗試找出適合自己的方法。
● 大前提是充足的睡眠。

by 河　紐羅

有效的提神醒腦對策

　　課堂上、在家裡或自修室念書，無論如何就是會有想睡的時候。像這種不能睡著的狀況，各位通常會怎麼做呢？我也經常遇到這種情況，所以這次想介紹幾個提神醒腦的方法。

》吃東西活動口腔

　　常聽人說可以嚼口香糖之類的。這是因為嚼口香糖的動作會讓腦部開始專注在口腔的運作，人自然會清醒過來。所以不妨試著吃點東西，如糖果、口香糖之類的。

》到處走一走

　　在房間裡走來走去、散步一下也很有效。如果是在學校，下課時間不妨到走廊動一動，或去上廁所。走一走可以轉換心情，消除睡意。

》洗臉、點眼藥水

　　去洗把臉來回都要走動，臉沾到水又會覺得神清氣爽，具有雙重效果。

　　不妨在課堂上大膽地跟老師說「我現在很想睡覺，要去洗個

臉」吧！

假使洗臉有困難，那就點具有清涼感的眼藥水！還可以消除眼睛疲勞，一石二鳥。

≫ 做伸展操、按壓穴道

做伸展操，不要維持剛才想睡的姿勢，同時也可以讓肌肉放鬆。另外，據說手和耳朵等處有幾個穴道有益於轉換心情，不妨上網查一下，實際體驗看看。我並不建議單純地施加痛感，但若是按穴道，一方面能給予刺激，一方面伴隨著按摩該穴道具有的良效，應該對提神醒腦很有效。

≫ 泡澡

泡澡是在家念書時才可使用的方法，但很有效。眼皮怎樣都睜不開，本想放棄掙扎去睡覺，結果一泡澡立刻清醒過來，這是常有的事。

舒舒服服地浸泡在溫暖的浴池裡，會讓體溫升高，身體放鬆。因此泡完澡會感覺已經好好休息過，於是便清醒過來。

睡眠不足是發睏想睡的元凶

前面都在談如何消除睡意，但其實念書打瞌睡最主要的原因是睡眠不足。睡前別滑手機，並謹記著早睡早起吧！**科學已證實，充足的睡眠有助於改善記憶力、提高生活品質和專注力等。**

確保睡眠時間是最好的提神醒腦方法，但當睡意來襲，請務必實際試試看這裡所介紹的方法。

總結 首要之務是確保睡眠時間。
之後再使用提神醒腦的技巧吧！

 我的大學生活 與來自全國和海外各地的學生成為好朋友，感覺自己的世界變開闊了。

國 數 英 社 理

No.058

馬上就能開始 | 可用於復習 | 提升幹勁 | 不拿手對策 | 注重效率

睡眠時間要固定

POINT
● 務必確保每天一定時數的睡眠。
● 忙碌時,要以睡眠時數為準安排計畫。
● 昏昏欲睡的狀態下無法專心做任何事。

by 松下 天風

良好的學習從良好的睡眠開始

理解所有課堂上教授的內容、按計畫念書、迅速做完功課。

上述不論哪一項,都必須擁有充足的睡眠才會順利。為使實力得到良好的發揮,**確保穩定的睡眠時數、規律的生活**十分重要。

我是規定自己「晚上一定要睡八個小時」。由於上學期間早上七點一定要起床,所以我最晚十一點上床睡覺,以確實保有「八個小時的睡眠」。可依照個人的需要設定睡眠時數,固定的睡眠時間是很重要的。

睡眠時間固定的優點

睡眠時間固定有許多優點。

第一,睡飽睡好,上課時才不會昏昏欲睡,能夠認真聽講。而且不會睡眠不足,能夠維持身體健康,使頭腦正常運作。

另外,長期維持睡眠時間固定的生活,漸漸地睡滿八個小時就會自然醒來,連假日也會早起,可以有效運用時間。事實上,因為我已經習慣睡八個小時,即便假日也能維持和平日一樣的生活規律。

然後,就像接下來要說明的內容一樣,能夠訂定計畫並確實

實踐也是其中一個優點。

忙碌時怎麼辦？

「說要固定睡眠時間，可是功課、課外活動一忙起來，怎麼可能？」應該也有人會這麼想吧？以我個人為例，**忙碌時一定會先確保睡眠時間，然後再思考如何分配剩餘的時間**，依此制定計畫。

很忙的時候，我們會不經意地削減睡眠時間去做其他事，但就像我一開始所說的，在昏昏欲睡的狀態下，做任何事都不會有好結果。一起來根據睡眠時間安排時間表吧！就像這樣：

「課外活動結束，回到家已經晚上八點，剩下三個小時就要上床睡覺。這段期間要做功課，沒做完的部分明天再做。」

努力確保睡眠時間，將會帶來良好的表現，並使你能夠按計畫讀書。

睡眠時間固定的話，生活就會規律

11點 12 9 8小時 6 7點

每天規律的睡眠很重要！

| 總結 | **固定睡眠時間，健康且有計畫地讀書吧！** |

我的大學生活 認為「升上大學就可以玩得更兇」，我也有過這樣的時期。

No.059

馬上就能開始　可用於復習　提升幹勁　不拿手對策　注重效率

念書中聽音樂
要慎選念書內容和曲目

POINT
- 依照注重質還是注重量，來區分選擇的音樂類型。
- 不妨聽像西洋歌曲這種聽不懂歌詞的音樂。
- 不得不在嘈雜的地方念書時，就戴耳塞。

by 中島 悠夏

念書時可以聽音樂嗎？

念書時，有些人要完全安靜才能專心，也有人喜歡有一點聲音，因人而異。

我要為各位介紹一種讀書法。這種讀書法，著重在如何處理念書時頗為重要的聲音。

我會依念書的內容決定要不要聽音樂。

像是在解簡單的數學運算題、最好多做一些題目時，我就會聽音樂；在做英文、國文的閱讀理解題等，需要深思細想時則不聽音樂。這樣的區分是依據必須專注的程度。

在解基礎問題時，量比質重要。因此**提高效率多解一些題目才是重點**。

而在寫英文、國文的閱讀理解題時，則是質比量重要，必須集中精神才能作答。寫重質不重量的問題時，因無法專心而聽音樂會適得其反，不如另外找時間再做，或是換地點念書。

音樂的有無與念書內容

有沒有音樂	念書的內容	類型
有音樂	短時間內做完大量題目比較好的問題，如數學基礎程度的計算題等。	質＜量
無音樂	必須花時間好好作答的問題。如英文、國文的閱讀理解題等。	質＞量

聽不懂歌詞的音樂為佳

　　聽音樂的理由是要提高念書效率。有時必須大量演練題目卻提不起勁，各位是不是也會這樣呢？我覺得這種時候**聽音樂會振奮情緒，讓人變得有幹勁**，也非常適合用來提神醒腦。

　　另外，因為周遭人的談話而分心、無法專注時，聽音樂可以阻絕那些嘈雜的聲音，只剩下一種聲音。與其為多種聲音分心，毋寧如背景音樂般聽單一音樂更能夠專注，使效率明顯提升。

　　我建議最好聽西洋歌曲。曾經長住英文圈國家的人另當別論，英文歌詞通常要專心聽才聽得懂，這正是西洋歌曲的優點。如果聽得懂歌詞，注意力會被歌詞吸引過去，那就沒有意義了。

　　在沒有歌詞這點上，古典音樂的效果也不錯，但並非特別喜愛古典音樂的人，可能聽了情緒也振奮不起來。兩者都嘗試看看，選擇進展順利的一方吧！

　　除此之外，也可以選擇戴耳塞。耳塞的隔音效果雖然好，但不同於音樂，無法提振情緒，所以只有不得不在人聲鼎沸的場所念書時，我才會使用耳塞。

　　妥善運用音樂提高專注力，有效率地念書吧！

總結 視問題的種類而定，有時聽音樂較能提高專注力。音樂的種類也很重要！

 我的大學生活 建議選修各種課程！說不定感興趣的領域會改變？

課 堂
篇

在學校的學習，基本上就是在課堂上。
照平常那樣上課也會有收穫，
但還有學習效率更好的上課方式。
照著做的話，你將會一天天地不一樣。

Unit 3 的圖標說明

最適合預習 課前預習時
會想採用的學習法。

能提高上課效果 會更容易理解
平常上課的內容。

正適合復習 正適合課後復習的學習法。

東大流筆記術 介紹課堂上和上課前後
要如何做筆記。

無須課前準備 上課前可以不做準備。

No.060

最適合預習　能提高上課效果　正適合復習　東大流筆記術　無須課前準備

幫助理解上課內容的概略預習

POINT
- 透過預習掌握概要。
- 在課堂上釐清不明白的點，加深理解。
- 藉由輸出加強記憶。

by 服部 篤樹

預習時，應該在意的是梗概和疑問

　　一般都認為課後復習對理解上課內容很重要，而我卻一直很重視預習。為什麼呢？因為課堂上的步調很快，沒預習就去上課的話，聽到一半便慢慢聽不懂了。要復習課堂上沒聽懂的內容會非常辛苦。

　　而另一方面，預習可以按照自己的步調理解，課堂中再根據預習得到的知識重新學習一次，如此一來，課堂時間就可以用來當作復習。

　　那麼，怎樣預習最適當呢？我把**預習的目的鎖定在「只是要抓住梗概」**，細節和不明白之處全部略過。

　　比方說，像下面這樣預習數學：

❶　閱讀每個單元的課本內容，並大致了解新的項目。

❷　不懂的部分先記下來。

❸　每個單元都會做幾題練習題。

　　預習充其量只是課前準備。沒有完全理解也沒關係。

不把疑問留到下課後

　　預習時要確實記下不懂的地方，這很重要。上課時，重點式地聽老師講解自己一個人想不透的內容，可以讓聽講的過程有張有弛。這樣的聽課法對我來說很有效率。

　　再者，預習的階段就要開始演練題目。**不做輸出的話，預習中好不容易掌握到的知識不會扎根**。另外，之所以不做完全部的題目，是為了把剩餘的題目留作復習之用。

　　上課時，盡量重點式地聽自己在預習中想不透的部分。還是不明白的話，下課後馬上去問老師。透過事先預習可以釐清自己什麼地方不懂，並在下課後馬上發問，這也是預習的優點之一。

預習和課堂上都不能解決的話，要立刻提問

發現自己不懂的地方是預習的優點！

　　最後，復習時要把剩下的練習題做完。這時最好能解出所有問題，沒留下任何疑問。

　　如同上述，課前預習可以有效地利用課堂時間，於課程進行時同步理解內容，因此建議大家可以試試看。

總結　若能藉由預習掌握梗概和疑問，就能有效地利用課堂時間！

喘息術　一會兒換地點念書，一會兒散步，這樣就能恢復精神！

No.061

最適合預習　能提高上課效果　正適合復習　東大流筆記術　無須課前準備

大膽只做復習而不預習！

POINT
- 大膽地重視復習，而非預習。
- 由於已上過課，所以復習會比較快掌握內容。
- 藉由重讀筆記和做問題集來復習。

by 安堂 裕樹

忙碌的高中生不可能預習！

課前預習、上課、課後復習，是經常被舉出的有效學習法。相信也有人在學校被建議採用此種「黃金學習法」。

不過，我要大膽地推翻這種學習方式。為課外活動等而忙碌的高中生，很難抽出時間做預習和復習，事實上，光是做到其中一樣便已耗盡精力了。其實我周遭的東大學生，也很少有人在高中時代徹底做到預習和復習。

因此，在預習和復習之間做選擇的話，我建議各位**把重點擺在復習，而非預習上**。

黃金學習法對忙碌的高中生來說不可能

✕
預習 → 上課 → 復習

所謂的「黃金學習法」

○
上課 ⇄ 復習

大膽省略預習

༺ 復習可以較順利地進行 ༻

重點擺在復習而非預習上，可以舉出的優點有 **容易做和效率佳**。

在容易做方面，預習必須是從完全不了解的「0」的狀態學起，難度較高。而復習的話，因為上課時已聽過一遍內容，可以輕鬆順利地全心投入。

就效率佳這點來說，復習與預習不同，復習的內容在課堂上已讀過，所以為達到同樣理解程度所花費的時間少很多。

不但如此，**預習是用自己的方式理解，因此會有理解錯誤的危險**，而復習則不用擔心這一點。一旦理解錯誤，事後很難修正觀念，這也是著重於復習的好處。

［預習與復習的比較］

	知識	學習的情形
預習	什麼都不懂的狀態。	・沒有先備知識，不容易做。 ・要花很多時間。
復習	上過課、已知道內容的狀態。	・上課聽過一遍所以比較容易。 ・不必花很多時間。

具體的復習方式，可分為兩大部分：

❶ 重讀筆記。
❷ 解問題集。

基本上要做❶的部分，重新檢視上課內容、背用語、重解上課時做錯的問題，就算是充分的復習。有時間或考試前再做❷就行了。如果有回家作業，寫作業也算是復習。

總結 放棄理想上的「預習→上課→復習」，
以務實的「上課⇄復習」學習法提高學力！

 喘息術 我會買一袋巧克力，休息時間一點一點慢慢吃。

No.062

最適合預習　能提高上課效果　正適合復習　東大流筆記術　無須課前準備

解決疑問的提問技巧

> **POINT**
> ● 會有疑問有兩種情況，不知道知識和不懂道理。
> ● 道理方面的疑問，要透過提問解決。
> ● 以「為什麼？」的觀點提問，藉以提高理解程度。

by 永山 龍那

試著問「為什麼？」、「怎麼會？」吧！

學習中，會一再發生不懂的情況，只要把「不懂」變成「懂」，成績就會突飛猛進。

「問問題」是消除疑問的方法之一。問比自己擅長的人或老師，就可以解決自己一個人想不透的疑問。然而，我們出乎意料地不會問問題，因此這一小節就要為各位介紹如何準確地提問。

歸結起來，不懂的狀態可分為兩種。**一種是知識不足，另一種是不明白道理**。首先要梳理自己正面對的疑問屬於上述哪一種狀態，這點很重要。

前者是因為不知道，而且多數是自己翻書查資料就能解決的問題。遇到這種情形就回頭重讀課本、補充知識吧！

後者多半是在梳理的過程覺得「為什麼會這樣？想不通！」的問題。**應當提問的，正是這個「為什麼？」的部分**。

遇到此種狀況，別猶豫，趕快請教別人吧！

﹍ 透過提問可以了解背後的道理 ﹍

　　關於這種選擇解法的思考過程，很難從課堂和題目解析中學到，常常要透過發問才能獲得指導。

　　比方說，解數學問題集解不出來時，看題目解析或聽老師講解雖然能知道解法，但有時還是會不懂「為什麼會想到這種解法？」，不是嗎？這時問解出題目的人「為什麼採用這種解法？」，就能**學會解題人的思考方式**。讓我們重點式地向別人請教「為什麼？」吧！

深入研究「為什麼？」，就能理解背後的道理

時時意識到「為什麼會這樣？」並試著提問！

為什麼這裡要使用這個公式？

為什麼會這樣翻譯？

為什麼這樣答不對？

　　此外，不要只問一個人便信服，多問幾個人會得到研究一個問題的各種方法，可以學習到更多。

　　別只是籠統地提問，把不明白之處整理出來，請教別人「為什麼會這樣？」，讓自己能夠理解解題的思維，也就是所謂的「道理」。

總結　準確地提問，以掌握會解題之人的思考法！

 喘息術　晚餐後吃冰淇淋，疲勞困頓時消散。

No.063

最適合預習　能提高上課效果　正適合復習　東大流筆記術　無須課前準備

課堂中的疑問整理在標籤紙上

POINT
● 有疑問就寫在標籤紙上。
● 連同自己當時的想法一起記下。
● 標籤紙不要扔掉，用文件夾保管起來。

by 服部 篤樹

把疑問整理在標籤紙上

　　各位在課堂上有不懂的地方，都會確實發問嗎？我們必然會遇到不懂之處，而解決那些疑惑可以穩健地培養出學習能力。

　　可是，隔了一段時日，這些不懂之處會比想像中容易忘記，因此，要利用標籤紙事先做筆記才行。

　　例如碰到以下情況，就把不懂的地方寫在標籤紙上吧！

● 上課時看不懂黑板上所寫的內容。
● 不理解問題集的解答。
● 不確定自己的解答正不正確。

　　除此之外，**會猶豫要不要發問的，基本上都是應當發問的問題，可以多多寫標籤紙註記**。

　　寫好後，貼在課本對應的文句或問題集的題目上，事後再提問吧！

標籤紙上要寫什麼？

　　請務必使用較大張的標籤紙。並釐清以下幾點疑問：

● 對什麼地方有疑問？（哪一段文句、哪一個式子？）
● 不明白什麼？（不理解意思、和自己的想法不同？）
● 自己是怎麼想的？

　　重點在於**連同自己的想法一起記下來**。因為要釐清應當提問的重點，必須先弄清楚自己那時在想什麼。

標籤紙的書寫範例

疑問

不明白的點

自己的想法

連同自己的想法
也記錄下來，
會更容易提問。

Unit3

課堂篇

　　提問的最佳時機是下課後。老師還在教室，如果又是剛才上課的內容，就可以準確地提出問題。
　　像這樣把不懂的地方先整理在標籤紙上，就能夠留下記錄，不會像以前一樣常常忘記。
　　也建議各位，**消除疑問後，把標籤紙貼在另一個文件夾裡，整理保存**。曾經出現的疑問假如置之不理，以後必定會以另一種形式再度出現，所以請務必解決所有不懂之處。

總結　　**在標籤紙上留下疑問，解決所有不懂之處！**

 喘息術　太睏的時候，小睡十五分鐘頭腦就會清醒。

No.064

最適合預習 能提高上課效果 正適合復習 東大流筆記術 無須課前準備

上課別打瞌睡

POINT
- 上課時保持清醒，復習時會比較輕鬆。
- 在課堂上睡覺是惡性循環的開端。
- 藉意識和行為養成不打瞌睡的習慣。

by 安堂 裕樹

即使迷迷糊糊，還是和睡著不一樣

上課認真聽講很重要。可是，我們不見得每次都能照理想的狀態去做。相信也會有上課外活動很累，不小心在課堂上睡著的時候。我想有人會認為，反正聽不進去也記不住上課的內容，還不如抱著挨老師罵的心理準備睡覺，以恢復體力。

不過，我建議最好醒著。因為**上課中朦朦朧朧地聽講，在課後做復習時，還是會比沒聽到半點內容、課後自己從頭學起來得輕鬆許多**。

這是我的經驗，課堂上在教新的內容時假如打瞌睡，會聽得片片段段，使理解程度大減。況且，一旦容許自己在課堂上睡覺，會養成習慣，陷入上課不聽講、回家或去補習班才試圖挽回落後部分的惡性循環。

我身邊就有人為了理解上課睡著沒聽到的部分而去補習，**可是上課不聽講、去補習同樣的內容，其實是在浪費時間和金錢**。最重要的，還是時時提醒自己上課時別打瞌睡吧！

上課時睡覺等於是浪費時間和金錢！

時間　金錢

上課時睡覺

惡性循環

回家或去補習時重新學習

᠁ 不打瞌睡的訣竅 ᠁

　　雖然這麼說，但即便明白道理，實際上就是很難保持清醒。因此我想為各位介紹我過去採用的做法，希望大家盡可能在課堂上保持清醒。

》利用下課十分鐘睡覺

　　短時間的睡眠也能多少消減一些睡意。

》刻意把背挺直

　　姿勢不良會引發睡意。

》活動雙手

　　活動身體有助於提神醒腦，例如動手寫筆記等等。

　　首先從意識做起，養成「上課不打瞌睡的習慣」吧！

為保持清醒的觀念和巧思

意識　＋　行動　▶　不打瞌睡的習慣

ex:不浪費時間　　ex:・下課時睡覺
　　　　　　　　　　・端正姿勢
　　　　　　　　　　・活動雙手

Unit3

課堂篇

總結　上課中即使迷迷糊糊，
但只要醒著便有助於節省時間。

 喘息術　我一有空就會看YouTube（也許看太多了）。

No.065

最適合
預習

能提高
上課效果

正適合
復習

東大流
筆記術

無須
課前準備

把課本當作筆記本用

POINT
● 把課文抄在筆記本上很花時間。
● 利用課本的空白部分做筆記。
● 這麼做可以提高效率。

by 松下 天風

在課本上做筆記

　　我就讀的高中，在上英文、國文等科目時，常常會要我們把課文抄在筆記本上，並且要我們上課用那本筆記本做筆記，盡量不要寫在課本上。我身邊也有其他人受過類似的指導，所以這種上課方式應該很常見吧。

　　但老實說，各位不覺得抄課文很浪費時間嗎？特地把課本內容原原本本地抄下來，只是在耗費時間和體力，對吧？

　　因此，我要推薦的是**直接在課本上做筆記的學習法**。我尤其把這套方法運用在國文課上。

在課本上做筆記的優點

》可省下抄寫的時間

　　這套學習法的優點，第一是不必一字不漏地抄課文。把抄寫的時間挪到其他學習上，可將時間做更有意義的運用。

》增強彙整能力

　　其次是培養簡短扼要地整理重點的能力。課本上的空白部分不多，所以必然要精簡書寫的內容。因此，不能直接照抄黑板上所寫的內容，而是要挑出重要的部分記下來，這同時也是在訓練

抓上課重點的能力。

》 一本課本就可以做復習

最大的優點是，為準備考試而**做復習時，只需要使用課本**。

讓我們以復習國文為例想像一下吧！國文課本裡寫有文章內出現的生詞、句法等註釋。不但如此，還更詳細地寫上作者的介紹、時代背景等。

復習時，不必特地動用到筆記本，只要看課本就能復習到詳細的知識，非常有效率。

適用科目和不適用科目

Unit3

課堂篇

這種學習法用在按照課本內文進行授課的科目，效果會很好，像是英文、國文這類課程。

相反的，數學、物理這種可能要在「看不見答案的情況下」多次重解課本習題的科目，則不用比較好。這類科目就另外準備一本筆記本吧！

此外，很少用到課本的科目，參考課堂篇「No.67課堂筆記只記重點（P148）」製作筆記也很有效！

總結 **在課本上做筆記可使學習更有效率！**

（喘息術）和朋友玩文字接龍，規定只能用世界史和本國史中出現的詞彙。

國　數　英　社　理

No.066

最適合
預習

能提高
上課效果

正適合
復習

東大流
筆記術

無須
課前準備

做筆記要單純化

POINT
● 只使用自動鉛筆和紅筆。
● 老師寫板書所使用的顏色僅止於參考。
● 對上課中、復習時、考試前皆有幫助。

by 安堂 裕樹

做筆記只用兩種顏色就好

　　各位都是怎樣做筆記的呢？我想應該各種方式都有，而多用點巧思會讓人更容易理解課堂所教的內容。

　　這一小節要介紹我的單純筆記術。

　　我只使用兩種筆，自動鉛筆和紅筆。

　　老師寫板書的方式不一而足。有些會用各種顏色的粉筆，也有老師幾乎只用一種顏色。相對於各式各樣的板書寫法，做筆記時其實不必完全依照板書的用色，**一般用自動鉛筆、重要的部分用紅筆，只用這兩種顏色做筆記即可**。

　　下圖是記錄板書的範例。左邊是老師的板書，右邊是我的筆記。可以看出變單純了。

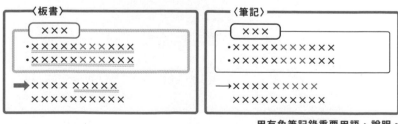

用有色筆記錄重要用語、說明。

可以做出最適合自己的筆記

乍看之下感覺做出來的筆記很普通，但和只是照黑板抄的做筆記方式不同，由於是依自己的標準而非他人的標準以顏色區分重要的部分，所以是對自己來說效果最好的筆記。這種做筆記的方法有以下三大優點：

》上課中

不是單純地抄黑板，會思考哪裡重要，所以**更容易理解**。

》復習時

重要部分用紅色書寫，可以很快地辨識出來。

》考試前

使用紅色透明板，即可**用來背重點**。

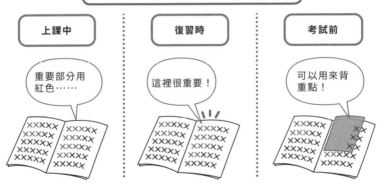

用兩種顏色做筆記，既方便又具功能性

上課中	復習時	考試前
重要部分用紅色……	這裡很重要！	可以用來背重點！

請各位務必試試看這種簡單又效果極佳的做筆記方法。

總結　**單純的雙色筆記在上課、復習和考試前，各個場面都能發揮絕大功效！**

 喘息術　在家裡躺著能恢復精神，我很喜歡（幾乎都會睡著……）。

No.067

最適合預習　能提高上課效果　正適合復習　東大流筆記術　無須課前準備

課堂筆記只記重點

POINT
- 課堂上做筆記只需要記下重點。
- 上課時最優先要做的是聽講。
- 回家後再整理筆記並做復習。

by 松下 天風

上課中只記重點即可

　　各位都是怎樣做筆記的呢？是不是很多人會一字不漏地照抄老師的板書？用這種方式做筆記，考試前重讀筆記很可能會看不懂所寫的意思……。

　　因此，我要為各位介紹我以前使用的、可以徹底掌握上課內容的筆記法。做法很簡單，步驟如下：

❶　上課認真聽講。

❷　把老師所講的重點和課本裡沒有的內容記下來。

❸　回家後，在當天之內參考記下的重點重新整理筆記。

把筆記本當作草稿紙即可

上課中要專心聽講！

事後整理筆記很重要

　　這種筆記法的重點是**把筆記本當作草稿紙**，以免過度拚命地做筆記。即使筆記做得很漂亮，但如果沒聽到老師所講的重要內容也沒有意義。總之，上課時就是要專心聽老師講課，所以要避免把全副心力放在做筆記上。

　　另外，**盡可能在當天內**參考課堂記錄重點重新整理筆記。趁還記得上課內容時，把記得的部分輸出在整理專用的筆記本上吧！在家若好好地整理筆記，肯定能做成比邊聽講邊急急忙忙抄寫更容易重讀的筆記。

趁還記得上課內容時整理筆記

最好能在上完課的當天內整理筆記。

　　行有餘力的人別只記重點，上課中要進一步確認老師所講的內容，可對應到課本的哪一部分。並將已確認的部分合併課堂記下的重點，一起整理成更好的筆記！

總結　**上課中專心聽講並記下重點，回家後再重新整理。**

喘息術　我學會魔術方塊的解法，讀書讀累了就歇口氣玩魔術方塊。

Unit 3　課堂篇

No.068

最適合預習 / 能提高上課效果 / 正適合復習 / 東大流筆記術 / 無須課前準備

靈活運用筆記本和活頁紙

POINT
- 筆記本和活頁紙各有優缺點。
- 課堂筆記和寫作業時用筆記本。
- 整理、復習和檢討時用活頁紙。

by 河 紐羅

筆記本和活頁紙各有優缺點

　　各位通常是使用筆記本還是活頁紙？我想大多數人只會使用其中一種，不是愛用筆記本，就是愛用活頁紙，而我是充分利用雙方的優點，兩者都用！因此，這一小節我想介紹如何依不同的用途，分別使用筆記本和活頁紙。筆記本和活頁紙各有各的優點和缺點，**讓我們只取其優點靈活運用吧！**

　　首先，來看兩者的優點和缺點。

筆記本和活頁紙的優、缺點

	筆記本	活頁紙
優點	・一本大約三十頁的分量，日後重讀起來比較容易。 ・方便攜帶、管理。 ・可輕鬆帶一本出去。	・可一張一張分開來，很方便。 ・不論一天有幾科，帶五～十張就夠用。 ・可事後加頁。
缺點	・有時寫完後沒有空間可做補充，很困擾。 ・每本的頁數固定，不能做恰到好處的利用。 ・一天幾科就要帶幾本。	・容易遺失。 ・可能和學校發的講義等混在一起。 ・每次都要歸納進活頁夾，否則內容會亂七八糟。 ・必須勤加整理。

如何區分使用？

那麼，什麼樣的狀況該使用哪一種呢？

》筆記本

筆記本要用於課堂上。課堂筆記只要像許多人平常所做的，每一科都做筆記，課堂上所學的內容就會依時間順序排列。這樣持續下去，就成了考試前復習的參考書！可以自動成為一本自己專屬的參考書正是筆記本的優點。

》活頁紙

建議**活頁紙主要用於彙整、復習、訂正**專用的筆記。彙整時若使用筆記本，無論如何都必須從前面開始依序寫下去才行，從前面開始整理，常常整理到一半就沒力了，是不是？為了預防這種情況，不妨使用活頁紙。

首先，要復習自己覺得最需要復習的部分、訂正錯誤，之後再復習前後的部分，或將做錯的題目分類。

沒有必要鎖定只使用筆記本或只使用活頁紙。配合學習形態聰明地靈活運用吧！

筆記本的建議用途
課堂上、寫作業專用

活頁紙的建議用途
彙整、復習、訂正專用 etc.

> **總結** 要聰明、靈活運用筆記本和活頁紙，有效率地學習！

 喘息術 我累的時候會吃愛吃的東西或聽音樂，休息一下。

Unit 3 課堂篇

國 數 英 社 理

No.069

最適合預習　能提高上課效果　正適合復習　東大流筆記術　無須課前準備

來不及抄黑板時的筆記法

POINT
- 上課的目的是要理解內容。
- 要有「做筆記是理解上課內容手段」的認識。
- 為了理解，刻意不做筆記也是一個選項。

by 安堂 裕樹

建議用於老師板書寫得很快的情況

　　每個老師寫黑板的速度都不一樣，板書寫得快的話，常常光是做筆記就精力耗盡。這種時候，做筆記往往成了上課的目的。

　　然而，**上課真正的目的是要理解內容，做筆記不過是為理解內容的手段罷了**。讓我們在做筆記時保有這樣的認知吧！

上課應當集中精神理解內容

目的	理解上課內容
手段	做筆記

假使太過專注於做筆記，而沒理解上課內容，便本末倒置。

　　介紹兩種來不及抄黑板時的筆記法。

❶ 放棄把黑板上的字全部寫進筆記裡，徹底理解板書內容

　　板書的內容可省略的就省略，倘若可以對應到課文，就在筆記本記下頁碼，騰出時間來理解內容。理解後若有時間，再把那部分寫在筆記本上。假使板書內容只是抄寫課本內的文句，下課回家影印課本貼在筆記本上就夠了。

❷ 姑且先記下，在不理解的部分做記號

做好筆記要立刻在腦中反芻內容，不能馬上理解的部分先標註「？」。上課的空檔或下課後，再復習有「？」的部分。

不論採用❶、❷哪一種手法，**時時注意是否理解黑板上所寫的內容很重要**。

我主要採用❶的手法。平時如果沒有重讀筆記的習慣，這種手法遠比只是抄筆記更有助於理解。反之，平時就有重讀筆記習慣的人，或一絲不苟、總是一字不漏地記筆記的同學，建議採用❷的手法。若是這樣，重讀筆記時別忘了把標有「？」的部分研究清楚。

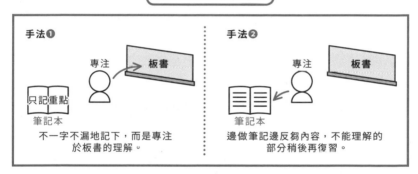

專注於板書或筆記本

手法❶　專注　板書　只記重點　筆記本　不一字不漏地記下，而是專注於板書的理解。

手法❷　專注　板書　筆記本　邊做筆記邊反芻內容，不能理解的部分稍後再復習。

這是題外話，大約十年前曾流行過一本書《考上東大的學生筆記一定做得很美》（文藝春秋），然而我進了東大欣賞過其他人的筆記後，發現不見得都很漂亮。有人資訊整理得整整齊齊，但同時也有人除了運算以外根本不用筆記本，看來美觀並非筆記的全部。

總結　**做筆記是手段而非目的。**

（喘息術）我一喝冷飲就會有種腦袋瞬間清醒的感覺，所以常常喝。

國 數 **英** 社 理

No.070

| 最適合預習 | 能提高上課效果 | 正適合復習 | 東大流筆記術 | 無須課前準備 |

英文課一定要
預習、復習

POINT
- 要有「上課」包含預習和復習的觀念。
- 預習和復習的方法要用點心。
- 把自己的筆記做成一本參考書。

by 林 伊吹

「上課」包含預習和復習

　　各位上英文課時是不是總在虛度光陰？學校英文課的進行方式乍看之下與考試不太有關係，但只要改變想法和做法，就能讓英文課變得很有意義。

　　首先要改變「上課」的觀念。不是只有在課堂上才算「上課」，**「上課」還包括課前預習和課後復習**。尤其是英文課，課前預習更能掌握關鍵之鑰。

包含預習和復習的「上課」

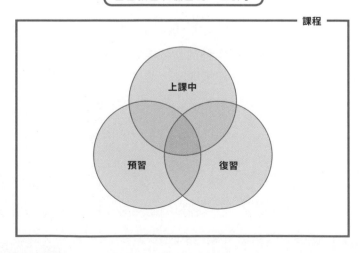

預習方法

❶ 將英文的長篇文章**全文抄在筆記本上**，行與行之間留白兩行左右。實在沒有時間抄全文時，用影印等方式代替。

❷ 查重要單字。

❸ 試著翻譯全文。把有困難的地方寫在筆記本上。

重點在於抄寫時要間隔兩行，預留空間補充文法結構等。

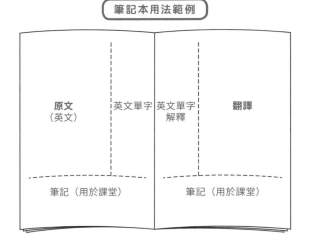

筆記本用法範例

| 原文（英文） | 英文單字 | 英文單字解釋 | 翻譯 |

筆記（用於課堂）　　筆記（用於課堂）

Unit3 課堂篇

復習方法

朗讀自己抄寫的課文，包含上課時確認過的部分。再一次看自己所寫的內容，不僅會加深理解，還可練習發音，一石二鳥。

通過預習、上課和復習，讓自己的筆記本成為一本參考書，抱著這樣的意識學習吧！

總結　預習：重點是用英文抄寫全文。
復習：在理解課堂上記錄的內容後，只要朗讀。

（喘息術）想讓頭腦轉換一下狀態時，我會去泡個澡、刷刷牙。

國　數　英　社　理

No.071

最適合
預習　能提高
上課效果　正適合
復習　東大流
筆記術　無須
課前準備

先在筆記本上
畫好地圖

POINT
●上課前，先把地圖畫在筆記本上。
●上課時不用畫地圖，比較容易專心聽講。
●知識可以結合相對位置一起學。

by 松下　天風

善用地圖進行學習！

　　學習地理、世界史、本國史之類的科目時，必須記住地圖上的位置。記地理位置最有效的方法，就是自己實際畫地圖，並在地圖上標出位置。不過，在課堂上通常沒有時間畫地圖。

　　因此我想建議各位，先在筆記本上畫好地圖再去上課！然後在上課中不斷把提到的地點、地區追加在事先畫好的地圖上。**由於只要在地圖上補充資訊即可，就不會漏聽上課的內容。**

　　例如：世界史會學到十九～二十世紀列強瓜分非洲的主題。學列強瓜分非洲這段，必須牢牢記住哪個國家將哪個地區置於其支配之下，可是在課堂上用文字記錄這些支配關係很麻煩。

　　何況，就算記下「比利時將比屬剛果置於其支配之下」這樣的句子，考試如果問到比屬剛果的位置也答不出來。

　　換句話說，一定要將知識結合地圖上的位置一起記住。

利用地圖做筆記的範例

現在我們實際來看看列強瓜分非洲的例子吧！上課前，先在筆記本上畫一個非洲簡圖。接著，上課時依國別使用不同顏色等，慢慢掌握哪個國家把哪裡劃為殖民地，並在地圖上標示開羅、開普敦這類重要的都市。

回家後，再把詳細資訊添補在筆記本上，效果會更好。

地圖問題不僅在段考，在大學入學考中也愈來愈重要，所以請務必在筆記本上畫張美美的地圖，再試著記住吧！

Unit3

課堂篇

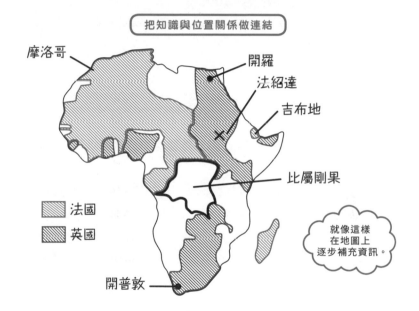

把知識與位置關係做連結

摩洛哥

開羅

法紹達

吉布地

比屬剛果

法國

英國

就像這樣
在地圖上
逐步補充資訊。

開普敦

總結　事先畫好地圖，上課中再添補資訊，即可做成方便背誦的筆記！

喘息術　讀書讀累了的假日中午，我會休息片刻，煮一堆義大利麵大吃一頓。

國 **數** 英 社 **理**

No.072

最適合
預習

能提高
上課效果

正適合
復習

東大流
筆記術

無須
課前準備

理科課後復習法！
補足筆記未盡之處

POINT
- 理工類科目要以「補充說明」的感覺做復習。
- 補充課堂筆記未能完整記錄的部分。
- 上完課後最好盡早復習。

by 永山 龍那

復習筆記以預防「自以為理解」

請重讀理工類科目的課堂筆記。上課時以為聽懂了，可是回頭再看一遍，肯定會有看不懂的地方。重看之下發現看不懂，才更應當復習。**理工科目的復習，首要之務是把筆記的「行間」（看了還是不懂的部分）填滿**。

筆記基本上是記錄上課的內容。上課時要使出渾身解數才跟得上講授內容，所以筆記常常做得很簡略，或是拜老師的詳細說明之賜，而以為自己懂了。因此，自己獨自重看時，要把那些含糊不清的部分給補起來。

❶　有寫算式但不知道在算什麼、記下說明卻不懂意思。
　→詳細補上中間的運算過程。

❷　不明白圖所代表的意思。
　→一邊思考圖的意思，一邊重畫一次。也可以看參考書重畫。

❸　解題的過程一再塗改，答案部分看不清楚。
　→重謄出正確的答案。

⸌ 盡早補充筆記 ⸍

這時，藉由復習逐一解決這類自己之前不懂的疑問很重要。不懂的地方就重新計算或問老師，把它搞懂就行了。**把筆記中不明白之處全部補起來，絕對會比復習前理解得更深，使知識在腦中生根。**

既然筆記裡有記載表示一定學過，所以會比初學更容易理解。不過，如果希望復習起來更輕鬆，上完課要盡早確認筆記，不要隔太久，以便在遺忘之前加深記憶。

Unit 3 課堂篇

復習時，把「自以為懂了」的部分解決吧！

重讀筆記，研究看不懂的部分。

課後盡早復習，效果更好！

一起利用這樣的復習法消除有疑問的地方，提高自己的理解程度吧！

總結 | 理工類科目透過補充課堂筆記未盡之處，可以準確地掌握知識。

😊 〔喘息術〕我會去圖書館借小說回家，晚上慢慢讀。

段考

篇

科目眾多，對任何人來說都非同小可的段考，
以一般的用功方式不會有好成績。
要把負擔減到最低、並獲得最大效果，
訣竅在於考試前和考試後。

Unit **4** 的圖標說明

 考試
計畫法　　利用段考計畫拉大差距的
　　　　　方法。

 起步
定勝負　　有助於起步時快速猛衝的
　　　　　方法。

 考試前
可用　　　離考試沒幾天也能使用的
　　　　　讀書法。

 彙整筆記
的技巧　　彙整考試專用筆記的做法。

考卷
活用術　　考完後有效利用考卷，
　　　　　追求更好的成績。

國 數 英 社 理

No.073

考試計畫法　起步定勝負　考試前可用　彙整筆記的技巧　考卷活用術

段考範圍公布當天擬定計畫

POINT
● 充分了解所有範圍後，再定讀書計畫。
● 明確定出每天的目標。
● 參考過去的計畫，擬定下一次計畫。

by 林 伊吹

製作學習計畫表

　　各位是不是有過段考前夕望著龐大的範圍無計可施，或快考試了才想到忘記讀什麼部分而感到絕望的經驗呢？為避免陷入這樣的困境，希望各位一定要做學習計畫表。若能實際照著以下的方法擬定計畫，就能從容不迫地迎接考試的到來。

》計畫制定法

① 考試範圍公布後，列出所有考試科目應該做和想做的事。

② 將科目分類。例如：理組科目和文組科目、擅長科目和不擅長科目。

③ 想一想考試前，每天能讀書的時間。充其量只是目標，所以大略就好。

④ 把撥出的時間，分配給各個科目和要做的事。要避免一連排太多同類科目，或逃避不擅長科目的情況發生。

考試範圍公布當天就擬定計畫

定計畫的速度很重要！

計畫定得好，段考就會有好成績

製作計畫表有以下優點：

- 全盤掌握考試範圍，以免顧此失彼。
- 藉由每天完成一個小目標，提高幹勁。

　　計畫制定後，就按照計畫執行。**執行計畫時，要記錄每天是否實際達成當天規畫好的目標**。在計畫表上畫線、做記號或寫字都行，要讓自己一眼就能掌握自己讀過的內容。

定出計畫表，每天的進度就很明確了

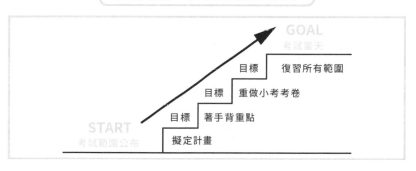

　　另外，考完後計畫表要保存下來，別扔掉。計畫表是準備考試期間的學習軌跡，重新檢視自己的計畫，可以確認「哪一科花了多少時間？」、「哪一種念書法有效？」。而且**下次擬定考試計畫時，也要充分利用以前的計畫表**。「上次用於準備國文的時間不夠」、「因為範圍比上次還大，要提早一個星期開始」等，讓它在擬定下次計畫時發揮作用。

　　在段考方面，計畫定得好也算是一種本事。一起來磨練定計畫的能力吧！

總結　段考成功的關鍵在於計畫表！
依據範圍和讀書時間擬定計畫，努力用功吧！

No.074

 考試計畫法 起步定勝負 考試前可用 彙整筆記的技巧 考卷活用術

背誦科目要重點式準備

POINT
- 段考要特別著力於背誦科目。
- 背誦的內容連大考時也很能派上用場。
- 把念書時學到的補充事項直接寫進問題集。

by 安堂 裕樹

背誦的CP值很高

準備段考時，把出題範圍全部復習一遍雖然理想，但其實特別把重點放在背誦科目，才是有利的做法。記住就能得分的背誦科目，具有容易看到成果的優點。段考的範圍比大考要小，相對較能夠集中火力記重點，而且**可以深入研究特定的背誦事項**。由於這需要花費大量時間，如果打算在大考前才背的話，無論如何都會流於表面形式的背誦。

更何況，**背誦的內容在大學入學考時也會發揮強大的助力**。段考時記住的背誦事項，在大學入學考中會一字不差地被出成知識題，只要寫出記得的內容就能得分，CP值之高也是它的魅力。

範圍小的段考，要靠背誦得分

INPUT

背得多，分數就會高喔！

大學入學考也派得上用場

段考時背下的內容，到了要開始準備大學入學考時不一定會記得。不過，一旦曾經牢牢記住，在復習時，記憶的強度和花費的時間都會明顯不同。段考時先熟記的話，準備大學入學考就能贏在起跑點。

順帶說一下，我會把準備段考時查過、獲得的知識和補充事項，直接寫進生詞本或問題集裡。因為這麼做，應試期復習生詞本或問題集時，也能接觸到補充事項，**不僅省去重查一次的麻煩，還可以復習到更深入的內容**。這是我的做法，製作彙整筆記之類的當然也很好。

無論如何，查過一次明白了，但經過一段時間可能會忘記，為防止這種情況發生，利用某些方式先將資訊保留下來，應該會有不錯的效果。

Unit 4

段考篇

深入探究內容，將來會對自己有益

〈問題集〉

準備段考期間查過、獲得的知識

生詞本

補充事項

> **總結** 段考時先熟記，
> 準備大學入學考時就能直接派上用場！

失敗的往事 第一次出國預約住宿，當天到了旅館才知道訂錯日期，差了一個月。

No.075

考試
計畫法　起步
定勝負　考試前
可用　彙整筆記
的技巧　考卷
活用術

考試成績取決於
兩週前的準備

POINT
- 何時開始準備段考很重要。
- 兩週前開始準備效果最好。
- 考試前最少復習兩、三遍。

by 小林 星

兩週前開始最理想

　　有時我們考完試會後悔：「要是還有一個星期，我絕對可以考得更好……。」但考試不會延期，這是當然的，所以自己要提早開始準備。從考試的兩週前開始預作準備，可以一點一點地復習，肯定會輕鬆許多。

　　我是按照以下的時間表準備考試：

考試前 倒數	要做的事
兩週前	・在一週內把要考的範圍全部看過一遍，若有不懂的就研究清楚。 ・務必在考試一週前做完所有要交的作業等等。
一週前	・在考試之前，要考的範圍至少復習兩遍。 ・時時注意，必須解決不懂的部分。

　　照著這時間表去做，就會大幅減輕考試前念書的負擔。不能等到兩三天前才臨時抱佛腳，**考試兩週前～一週前復習了多少，會是段考決勝負的關鍵。**

兩週前開始準備乃成功之鑰

愈早開始愈有利

　　若要舉出這種學習法的好處，可列舉如下：

- 考試前可以把要考的範圍復習三遍。
- 考試一週前已全部復習完畢，因此考試前夕便可以更有效率地念書。

　　復習過一次再重讀，和第一次復習的效率會不一樣。想像起來，就像是**以考試提前一週舉行的心情拚命用功，然後利用剩下的一週做第二次、第三次的復習。**

　　「提早開始準備」感覺很理所當然，但要實際付諸行動並不容易。各位當中，或許也有人認為考前一天再臨時抱佛腳背重點，比較合算。不過，這樣做的話，考試失利的風險很大，而且臨時抱佛腳背下的內容，考完便會忘得一乾二淨，以長遠的眼光來看，其實非常沒有效率。

　　做過的準備一定會有回報！利用提早開始準備拉開領先差距吧！

總結　　考試前兩週開始預做準備，使考試分數提升！

失敗的往事　考試前一天熬夜背重點原本綽綽有餘，不料卻睡著了，結果慘兮兮（笑）。

No.076

考試
計畫法　起步
定勝負　考試前
可用　彙整筆記
的技巧　考卷
活用術

以背誦科目為中心
定計畫

POINT
● 背誦要花很多時間。
● 準備考試的讀書計畫要以背誦為優先。
● 先背，再著手準備其他科目。

by 松下 天風

擬定計畫，提前準備背誦科目

　　段考前一週排好「哪一天」要讀「哪一科」、讀「多少」的計畫很重要。在定計畫方面，我想建議各位的是，**以背誦科目為中心安排計畫**。

　　請想像一下本國史和世界史。由於是段考，考試範圍雖然不大，但有許多名詞用語。臨時抱佛腳的話，顯然記不了多少。因此，名詞用語等背誦要排定計畫提前進行。

把背誦科目往後延會很麻煩

背誦不是一天、兩天就能完成的事，要盡早開始準備。

　　那麼，接下來我要介紹實際訂定計畫的方法。比方說，如果世界史要考的範圍有六十頁（課本），就如下表這樣分配：

背誦科目的讀書計畫範例

考試前一週	念書範圍
第一天	考試範圍的1～15頁
第二天	16～30頁
第三天	31～45頁
第四天	46～60頁
第五天	1～30頁（考試範圍前半部）
第六天	31～60頁（考試範圍後半部）
第七天	1～60頁（考試範圍全部重讀）

　　把考試範圍分成四塊，前四天把整個範圍仔細讀一遍。接著把考試範圍分成兩半，利用第五天和第六天進一步復習第一遍沒背完的部分，以便全部記住。然後在考試前的最後一天，把考試範圍全部重讀一遍。如此一來，一週便把考試範圍復習過三遍。最後一天只是把已復習兩遍的內容再看一次，雖然範圍很大，但可以相對較快速地檢視背誦內容。

讀完背誦科目就改讀其他科目

　　根據這份時間表，讓我們來想想看可以分配多少時間讀其他科目。比方說，假設第一天可以用來準備考試的時間是五小時，如果一個小時可以背完十五頁的分量，那就用剩下的四小時安排其他科目的讀書計畫。**定計畫時，確實預留時間給背誦科目是很重要的方向。**

　　若能讓這樣的讀書法固定下來，將來在應試期就能省去重背背誦科目的工夫。最好每次段考都把考試範圍內要背的內容背到滾瓜爛熟，以便大考將至時能集中精力準備其他科目。

Unit 4

段考篇

總結 **以背誦科目為中心安排段考前一週的計畫，大考將至時便不用傷神！**

失敗的往事 高中畢業典禮上，校長的話太多，害我貧血昏倒。

國 數 英 社 理

No.077

考試
計畫法　起步
定勝負　考試前
可用　彙整筆記
的技巧　考卷
活用術

把應當做的事排出優先順序

POINT ● 各科均衡的讀書計畫制定方法。
　　　● 把該做的事排出優先順序。
　　　● 從各科目排在上位的目標做起，依序完成。

by 小林 星

顧及各科的均衡

　　段考由於科目眾多，很難拿捏該花多少時間讀哪一科。只讀自己喜歡的科目、想讀的科目等，厚此薄彼的情況多的是。不過，若因此疏於準備自己不拿手的科目，以致成績不及格的話，可就本末倒置了。**在應付段考方面，所有科目都讀很重要。**

　　因此，我會制定以下計畫，以求均衡照顧到各個科目。

》如何制定計畫？

① 　寫出每一科在考試前想做的事。

② 　把每一科該做的事排出優先順序，從排第一的寫起。

③ 　選定當天要做的事，並圈起來。這時盡量從各科目排在上位的圈起，並避免只有特定科目做很多，要盡可能平均圈選。

④ 　每天持續這麼做，直到考試為止。

有意識地平均投入各科的準備

國文	數學	社會科目
1. 復習小考	1. 復習講義	1. 看課本
2. 看課本	2. 重看作業	2. 復習小考
3. 背生詞	3. 復習小考	3. 復習講義
4. 重看作業	4. 計算測驗題	4. 背年代
	5. 復習課本例題	

把計畫「可視化」，以防失衡

這套方法具有以下優點：

● 考試前，可以每天平均依照優先順序解決該做的事。
● 可以清楚看到考試前該做什麼、做多少，會增強讀書的動力。

只是盲目地一一做完擺在眼前的事，就準備段考來說並不夠。認清輕重緩急、且均衡地念書，將有助於應付所有科目，進而使總分提高。

Unit 4

段考篇

讓念書內容可視化

☐ 復習小考
☐ 重看作業
☐ 重讀課本
☐ 背生詞

確實排出優先順序後再用功，就不會有所偏廢喔！

總結 均衡且依照優先順序準備各個科目。

失敗的往事 我把隔天考試的所有講義全放在學校，回家後才發現……

No.078

考試計畫法　起步定勝負　考試前可用　彙整筆記的技巧　考卷活用術

一週六天計畫

POINT
● 定出一週的標準讀書量。
● 制定讀書計畫，用週一～週六達成標準讀書量。
● 若未能達到標準，星期日也要讀書。

by 服部 篤樹

制定能夠完成的計畫

各位在讀書上會有的擔憂，其中有一項是不是「不能遵守自己的讀書計畫」呢？

「原本打算在段考前把考試範圍全部復習一遍，可是卻沒復習完」，相信許多人都曾有過這類經驗。以前，我也是為了無法按照計畫讀書而煩惱的其中一人，可是自從改變定計畫的方法，情況便有所改善。

這套方法是「一週六天計畫」。正如其名，就是**以一週有六天來設想，制定讀書計畫**。

首先，要定出每週的標準讀書量。其次是把一週的讀書量分配到週一～週六，用六天來讀完。然後便按照計畫讀書。假使進展得不如預期，未能在週六達成當週的進度，就利用週日讀書，務必解決掉預設的進度。

舉個例子，讓我們照以下方式制定一週的讀書計畫吧！

● 平日要上課，所以只做十頁課本的例題。
● 週六有充裕的時間，所以做三十頁。
● 週日當作備用，不排進度。

下表是計畫和現實的比較範例：

讀書計畫若有延遲，就利用週日補上

星期	一	二	三	四	五	六	日（備用日）	合計
計畫	10頁	10頁	10頁	10頁	10頁	30頁	0頁	80頁
現實	15頁	10頁	10頁	5頁	5頁	20頁	15頁	80頁

這樣就能利用週日，解決計畫延遲的部分了。

照計畫做完後便自由自在！

這方法有兩大好處。一是**即使不能照計畫進行，但因事先把週日設為備用日，所以可讓每一週的進度都與計畫相符**。這可說是最適合無法按照計畫進行的人，用以確實達成目標量的讀書計畫法。

另一項好處是，照計畫進行就有「獎勵」──週日可以玩耍。也就是說，**可以把週日玩耍當作目標，週一到週六努力用功讀書**。只要按照計畫念書，週日就盡情玩樂，重振精神吧！

我覺得，這是對不擅長照計畫做事的人來說，最好的制定計畫方法。請各位實際做做看，如何？

Unit4

段考篇

若能達成目標，週日即可休息

該做的事都做完的話，週日就不必讀書！

總結	以一週六天來安排計畫，進度落後也可以利用週日補回來！

失敗的往事　入學考當天感冒發燒……身體的健康管理很重要！

No.079

考試計畫法　起步定勝負　考試前可用　彙整筆記的技巧　考卷活用術

一天以短時間讀數科

POINT
- 花長時間準備單一科目並不好。
- 短時間、多科並進會比較理想。
- 理解不足的科目也要努力準備。

by 安堂 裕樹

每一科的讀書時間最好不要太長

　　各位在準備段考時，一天通常讀幾科？是專心讀一科好呢？還是多讀幾科好？會拿不定主意，是吧？

　　我比較建議各位一天讀好幾個科目，每一科都不要花太長的時間，而不是花很長的時間讀某一科。我採用這種方法的最大理由，是因為能夠持續讀書而不會覺得膩。短時間、多科並進的讀書法比較容易保持專注，而且不容易疲乏厭倦。**換科目即等於轉換心情，能夠維持專注力。**

　　現在，一起來思考時間的分配吧！比方說，如果有三小時的讀書時間，那就英文讀三十分鐘、數學讀一小時、化學讀三十分鐘、世界史讀三十分鐘、地理讀三十分鐘，像這樣分配。建議每一科分配十五分鐘～一小時。

務必多科並進

×

英文
3小時

不可過於專注在單一科目。

○

英文	數學	化學	世界史	地理
30分鐘	60分鐘	30分鐘	30分鐘	30分鐘

短時間、多科並進！

短時間、多科並進，還有許多好處。

第一是強化記憶。因為是連續多日讀同一個科目，**要比集中一天、一次讀很多，更容易以長期記憶的形式留在腦海裡。**

第二是掌握理解程度。一天讀好幾科的話，兩、三天就能接觸到所有段考的科目。所有科目姑且都讀過一點，可充分了解「自己對這一科理解多少？」，因此能夠調整計畫，像是理解不足的科目就設定長一點的讀書時間等，也才能避免不擅長的科目準備不及的情況。

我是專注力不持久、容易厭煩的人，但像這樣用點心思，就能維持住專注力。

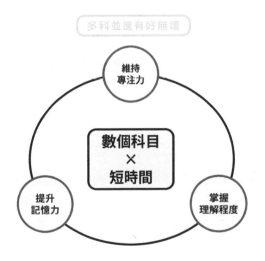

多科並進有好無壞

維持
專注力

數個科目
×
短時間

提升
記憶力

掌握
理解程度

Unit 4

段考篇

總結 **數個科目×短時間的讀書法，具有維持專注力、提升記憶力、掌握理解程度的加乘效果。**

〈失敗的往事〉 熬夜的隔天早晨，搭車上學時坐過站，就這樣坐到終點站。

國 數 英 社 理

No.080

考試
計畫法

起步
定勝負

考試前
可用

彙整筆記
的技巧

考卷
活用術

試著在三行內
說明完畢

POINT
● 用三行簡單扼要地說明背過的名詞用語。
● 也可活用於數學等，以運算為主的科目。
● 能確實記住每一個段落。

by 小林 星

你能夠說明背過的名詞用語嗎？

社會和理工類科目有許多要背的重點。各位是否一心一意只顧著背誦呢？心裡有數的人要小心。儘管熟記在腦中，但被問到「用語的意思」時，能否好好地做說明呢？只是照著字面硬背而未理解意思，很快就會忘記，而且只能解簡單的問題。

因此，我會像下面這樣，讓自己能夠**用三行以內的文字說明想熟記的名詞用語**。

❶　把筆記或課本上想要熟記的名詞用語，以螢光筆做記號。

❷　參考課本或筆記，練習用三行以內的文字，簡單扼要地說明各個名詞用語的意思（若是歷史，就要說明事件的內容等）。

❸　考試範圍全部復習完之後，檢查是否可以用講的，說明一開始用螢光筆註記的名詞用語。

❹　用另一種顏色的螢光筆，在未能說明得很流暢的名詞用語上做記號，並看課本等復習，以便能夠流暢地說明。

看到名詞用語要能夠說明

用語的內容　←─── 平常的做法 ───→　用語
　　　　　　　　反向也要做

這麼做可以讓人確實理解內容。

這種「看到用語→說明意思」的學習法，與常見的一問一答形式「閱讀說明→回答該用語」相反。像這樣雙向都練習，可使知識扎根得更穩固，能夠應付單純填空題以外的論述題。

也可活用於數學等科目，使理解度提高！

說明式學習法不僅適用於背誦科目，也可應用於數學、物理等運算問題的復習。數學的復習，常常會流於漫不經心地看著筆記本或解答頁上的算式，以為自己已經理解，可是到了考試當天卻突然發現「雖然看過，但想不出要怎麼解題……」。會出現這種狀況，我想還是因為不夠理解。

為了預防此種情形發生，我所做的努力就是「說明」。不是說出算式，而是試著說明大致的重點。

① 確認數學解答的每一個算式要求的是什麼。

② 不需背下整個解答，以能用中文思考的方式復習解題過程。

③ 盡量做到只看題目，就能用中文說明解題方式。

④ 反覆進行①～③。

想像完成的狀態是，**當朋友問你「我不知道這題怎麼解，教我！」時，可以流暢地解釋給他聽。**這麼做可以確實以自己的頭腦理解解法。

若達到能夠清楚說明的狀態，即使考試出現稍微改變形式的應用題，也能不慌不忙地解題。

Unit 4

段考篇

總結　**防止其實不理解內容、卻以為已經理解的情況，知識的扎根程度也會明顯提高。**

失敗的往事　考試中太急了，橡皮擦掉了差不多十次，請人幫忙撿到不好意思（笑）。

國 數 英 社 理

No.081

考試計畫法　起步定勝負　考試前可用　彙整筆記的技巧　考卷活用術

彙整問題式筆記

POINT
● 從課本和筆記中挑出重點。
● 設計關於那些重點的問題。
● 把設計好的問題和解答整理成筆記。

by 服部 篤樹

以問題形式彙整筆記

　　各位會彙整筆記嗎？我平常在考試前，一定會準備段考用的筆記，把上課內容整理在那本筆記裡。不過，我彙整的筆記與其他人的不太一樣，是以**「問題形式」彙整**。

　　我想按照步驟向各位介紹我整理筆記的方法。首先，一開始先讀課本要考的範圍和自己的筆記，挑出重點和考試可能會考的部分。接著參考課本之類的，設計關於這些重要知識的問題。然後把考試專用筆記的頁面對半折，左側寫問題，右側寫自己思考後的答案。比方說，像下面這樣設計問題並作答：

問題	解答
戊辰戰爭之際，據守五稜郭負隅頑抗的幕府中心人物是誰？	榎本武揚
青銅是什麼與什麼的合金？	銅和錫
試說明硝酸的性質和保存的注意要點。	硝酸受到光照會分解成二氧化氮、水和氧氣，因此要裝入不透光的褐色瓶子裡，保存在陰暗處。

　　要像上述這樣，把問題和解答寫在相鄰的位置。另外，製作解答時，在重點下方畫線會更方便學習。

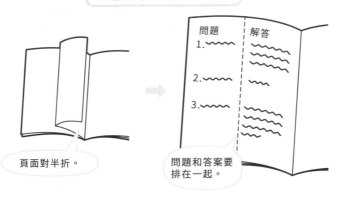

問題　　解答
1.～～～　～～～～
　　　　　～～～～
2.～～～　～～～～
　　　　　～～～～
3.～～～　～～～～
　　　　　～～～～

頁面對半折。

問題和答案要
排在一起。

可掌握出題者的觀點

那麼，像這樣以問題形式彙整筆記的優點是什麼呢？

第一，只要遮住筆記的右半邊，即可復習上課的內容。有一種常見的手法，是用紅筆寫重要的生詞，日後復習時再用紅色透明板遮住，但往往因為不易分辨要回答哪個部分，而變得很複雜。

另一方面，若以我的方法來做，就不必準備紅色透明板，又因為採取問題形式，成了方便作答的彙整筆記。不但如此，還能練習寫記述式問題。

而且，試著站在出題方的立場，**便能用考試出題者的角度回顧上課內容**。設計段考考卷的畢竟是人，若能邊整理邊思考出題者（老師）想問什麼地方，就會漸漸發現段考會考的重點。

如同上述，以問題形式來整理，可以做出和平常不一樣的彙整筆記，請各位一定要試試看。

總結　以問題形式整理，可以做出效果不錯的彙整筆記！

失敗的往事　高三時遲到次數超過三位數，被稱為「遲到大王」。

Unit4

段考篇

國 數 英 社 理

No.082

考試計畫法　起步定勝負　考試前可用　彙整筆記的技巧　考卷活用術

提不起勁時，暫且先坐在書桌前

POINT
● 完全沒有動力念書時，就先坐在書桌前。
● 先解一題簡單的問題。
● 連面對書桌的難度都能降低，那就更好了。

by 安堂 裕樹

人一定會有提不起勁的時候

我們有時會充滿幹勁地告訴自己：「好，來念書準備段考吧！」但另一方面，也會有完全提不起勁的時候。即便知道不能不做，但有沒有幹勁是另一回事。話雖如此，以提不起勁為由扔下不管的話，肯定會敗在考場上。

在這種完全提不起勁的時候，就先坐在書桌前試著解一題吧！「開始用功」和「繼續用功」，前者需要更多的幹勁，**所以可以如何輕易地啟動開關，是決勝的關鍵**。一旦啟動開關，便比較容易繼續下去。

那麼，具體來說，一開始要解的是什麼樣的問題呢？先從自己拿手的科目下手吧！而且，建議挑選十分鐘內可以解出來的簡單問題。要是一開始就做解不出的題目，就算是再怎麼拿手的科目，鼓起的幹勁也會消退。

若想不出恰到好處的題目，五分鐘以內解得完的數學基礎計算題，可適度地活動腦部和手指，我很推薦。由於背誦科目不需動手、很難啟動開關，若非喜愛的科目，盡量避開比較保險。

先解一題來啟動開關

古文生詞

英文文法的選擇題

數學的計算題

要先了解自己善於解哪一類問題。

連「面對書桌」也要變簡單

哪怕就一題，解開了自然會願意做下去，所以基於一開始要助跑的想法，我推薦這個方法。

話雖如此，但實際情況是，沒有幹勁的話連開始著手都很困難。這種情況**要盡可能地降低「面對書桌」的難度**。換句話說，就是營造可以馬上起跑的環境。

》**先把念書工具攤開在桌上**

事先布置好能夠馬上開始的環境。

》**在圖書館等家裡以外的場所進行**

營造自然而然能面對書桌的環境。

》**決定「解完一題就可以休息」**

帶著只解一題就好的意識。

一起藉由行動和環境來操控「很難靠自己的意志提振」的幹勁吧！

總結	解一題容易解的問題，啟動學習開關！

失敗的往事 和朋友一起說老師的壞話時，沒想到當事人就在後面，被罵得很慘。

國 數 英 社 理

No.083

考試計畫法 ‧ 起步定勝負 ‧ 考試前可用 ‧ 彙整筆記的技巧 ‧ 考卷活用術

使專注力持久的休息訣竅

POINT
● 不適當的休息反而會覺得累。
● 讀書的空檔伸展一下筋骨或散散步,可以很快地讓頭腦清醒。

by 服部 篤樹

良好的休息有何條件?

一旦長時間讀書,注意力總是會斷線,這種時候很多人會滑手機休息,可是這樣真的有歇口氣嗎?我想多數情況是滑手機滑不停,就算回頭繼續讀書也無法專心。換句話說,「看手機」並不是一種適當的休息方式。那麼,讓我們來思考一下什麼是適當的休息。

首先來想一想讀書空檔適當的休息,當符合哪些條件。我認為有以下兩點:

❶ 　可以恢復專注力。
❷ 　短時間即可重回讀書狀態。

❶可以讓專注力恢復,這樣休息後就能集中精神念書。❷可以預防休息時間拖長、變懶散的情況。

良好休息和不當休息的差異

那麼具體而言,怎樣的休息才符合這些條件呢?我試著把好壞的例子整理成下表:

	例		特徵
良好的 休息	伸展操 / 在附近散步	等等	・離開書桌。 ・活動身體。
不當的 休息	看SNS / 看YouTube / 看電視	等等	・持續盯著一個地方看，會消耗專注力。

首先，不當例子中所舉的看SNS或YouTube有一項共同點，就是兩者都和讀書時一樣，要持續盯著一個地方看。這時**本人自以為很享受，但其實大腦處於進一步動用注意力而愈發疲憊的狀況**。因此在重新開始讀書時，將無法保持專注力，很可能再度滑起手機，沒辦法繼續讀下去。

另一方面，良好例子中所舉的做伸展操和散步，其共同點是都要離開書桌活動身體。像這樣改變自己所處的環境可以切換意識，而運動又能使頭腦清醒，達成❶的要求。除此之外，兩者都不會進行太久，也可算是做到❷的部分。

這次我介紹的休息法，是自己在考生時代實踐的伸展操和散步。而研究也已證實，運動會提升腦中掌管記憶力的海馬迴的功能。這種方法對段考以外的各種學習也有幫助喔！

Unit 4

段考篇

加入運動便是良好的休息

念書中建議做伸展操休息一下，有好無壞。

總結	**運動可以提高專注力！**

失敗的往事 準備大考期間，非考試科目的倫理、政經，我考了紅字。

No.084

考試計畫法　起步定勝負　考試前可用　彙整筆記的技巧　考卷活用術

在一張紙上寫滿「小抄」

POINT
● 應付段考時要製作「小抄」。
● 在一張紙上寫滿想要記住的事項。
● 這麼做比較容易留在記憶裡。

by 永山 龍那

> 把可能會考的重點彙整成一頁

　　段考前，眼前會出現英文單字、新公式、人物的名字等無數要記住的內容。由於範圍實在太大，科目又多，單靠重讀並整理筆記，一定會有很多記不完的部分。因此，為了有效率地彙整，同時記憶知識，當作（**充其量只是「當作」**）做小抄，**把每一科必要的知識各自彙整在一張紙上吧**！

　　彙整在一張紙上有多項好處。首先，有必要省略無用的知識。當我們在整理過去的筆記時，常常會在意一些瑣碎的知識，很想全部記下來。若是應試對策，或許會想全部記住，但假如注意力被不必要的部分吸引過去，而漏看了重要的部分，那可就本末倒置了。若試圖彙整在一張紙上，便能自動捨棄不必要的知識，優先掌握重要的內容。

　　另外，要花費一定的精力才能彙整成一頁，其實也算是好處之一。因為通過彙整作業，腦中不僅記住了知識，還留下「自己寫出那筆知識」的記憶，增加考試中想起知識的機會。

而最大的好處是方便日後回頭復習。由於容易攜帶，走到哪裡都可查看自不在話下，而且不必像教材那樣翻頁重看。需要的資訊會一次全部映入眼簾，因此會漸漸發現資訊之間的關聯性。

不用說，考試時不可以偷看，**但當成做小抄來彙整資訊，對於應付考試來說非常有效**。使用影印紙之類的紙張，先畫一道直線將紙張分成兩半，會很方便好用。

彙整範例和要點

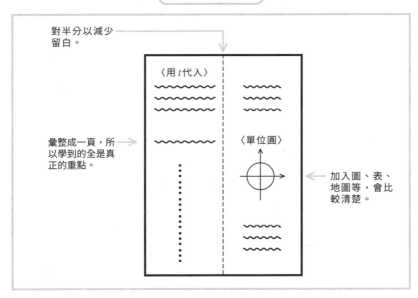

對半分以減少留白。

〈用 t 代入〉

彙整成一頁，所以學到的全是真正的重點。

〈單位圓〉

加入圖、表、地圖等，會比較清楚。

Unit4

段考篇

總結　　彙整在一張紙上，可以有效率地整理資訊！

失敗的往事　訓練營那天先在學校集合，結果我忘了換鞋，穿著拖鞋上山⋯⋯。

No.085

 考試計畫法 起步定勝負 考試前可用 彙整筆記的技巧 考卷活用術

考前再全部重讀一次

POINT
● 考試前要迅速瀏覽過彙整筆記。
● 考前的短期記憶也能影響到考試分數。

by 服部 篤樹

彙整筆記在考前會發揮作用

　　考前兩、三天的時間要如何度過呢？我想每個人的做法都不相同。既有人一直用功到最後一秒，也有人提早就寢調整生活節奏。

　　我在考前幾天一直讀自己的「彙整筆記」，裡面寫有考試範圍內所有應當記住的重點。另外，我的讀法是用眼睛掃過筆記裡的單字、生詞，有點忘記的字詞就仔細詳讀，像這樣以差點忘記的內容為主做復習。並且用這種讀法**反覆重讀彙整筆記，讓它深植於記憶中，利用考前幾天把全部的背誦項目再復習一次。**

考前幾天要重讀彙整筆記

彙整筆記

・基本上快速瀏覽過即可。

・差點忘記的部分要仔細詳讀。

三點理由

考前幾天反覆重讀「彙整筆記」有三點理由。

第一，因為有些彙整筆記裡的內容還記不住。念書時拚命彙整筆記，往往沒有認真在記內容。結果常常筆記彙整好了，卻沒有完全記得。

第二，因為原本記住的內容臨到用時可能會熊熊忘記。任何人都可能突然忘記事情，尤其是像段考這樣、腦中塞滿眾多短期記憶時，更容易發生。連記得的單字也再看一遍，就可防止突然忘記。

第三，**就算考前看過的生詞數量很多，這麼做也能確保記憶維持到考試時，可有效率地提高分數。**集中火力，我們其實可以在短時間內，記住比我們想像的還要多的生詞。只要在考試當天能記住就夠了，因此可說是最有效率的應考對策。

若能充分利用考前時間的緊湊，反而能更有效率地記住許多要背的項目。大家可以考慮看看這種時間活用法。

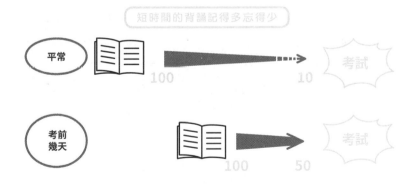

短時間的背誦記得多忘得少

| 平常 | | 100 | | 10 | 考試 |

| 考前幾天 | | 100 | | 50 | 考試 |

Unit 4

段考篇

總結　考前幾天的復習，可以更有效率地背誦！

失敗的往事　曾被老師發現我上課偷看漫畫。

國 數 英 社 理

No.086

考試
計畫法 ・ 起步
定勝負 ・ 考試前
可用 ・ 彙整筆記
的技巧 ・ 考卷
活用術

避免下次再錯，
考試中的筆記術！

POINT
● 考試時先標註不懂的地方。
● 考完後把標註的地方和答錯的題目等，整理在筆記本上。

by 河　紐羅

考試中做記號

　　考完試還要把所有題目重做一遍很麻煩！但考試題目就像重點摘要一樣，確實有必要復習。因此，我要介紹各位有效率的考卷復習方法！

　　首先是考試中的小動作。考試時遇到不懂的題目，我們通常會先跳過，做個記號，稍後再想要怎麼做，對吧？這裡要再加上一個動作，即**標註已忘記的重點，如想不起來的公式、關鍵字詞等**，不管是否解出正確答案。

　　比方說，解數學問題時，突然想不起對數（log）的公式，就在試題紙的一角寫上「☆log公式！」之類的。

考試時先做記錄

筆記 ☆log 公式！　問題1　不等式 $\log_2(2-x) \geq \log_4 x$
　　　　　　　　　　　　　⋮

　　選擇題的話，有時會不確定正確答案是幾號，但覺得「除了某個選項之外，其他選項好像不對」。這種時候要做記號，以便事後可以把它研究清楚。為了復習考卷，**考試中必須做的最重要的事，就是想辦法在考完後可以不必重解所有題目**。據說，考試時試圖動用自己擁有的所有知識，會活化大腦的運作，此時正可

以發覺自己並未理解的盲點。

段考或模擬考結束後，要把每一科考試中標註的地方和答錯的題目等，各自整理在筆記本上。答對且沒有註記的題目可以不必再解一次，但除此之外的部分，為免以後的考試和正式的大學入學考再答錯，要仔細地整理。

以下舉例的是化學的彙整筆記，我會像這樣針對所有選項，**寫下自己認為會是解答重要依據的部分**。順帶一提，用粉紅色或橘色的筆寫正確答案或重點，然後利用紅色透明板來解題，就成了自己專屬的問題集！

整理筆記範例

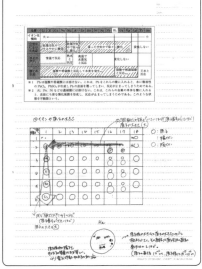

Unit4
段考篇

總結 有效率地復習考卷，就不會再犯同樣的錯誤！

失敗的往事 以為是朋友而作弄對方，不料竟是朋友的哥哥，害我一下子慌了。

No.087

考試 計畫法　起步 定勝負　考試前 可用　彙整筆記 的技巧　**考卷 活用術**

檢討考卷以 「查書」為主

POINT
● 稍微沒把握的問題就先做記號。
● 考完後查明。
● 一科一科邊查邊檢討。

by 中島 悠夏

考完後可以有效率地檢討考卷

　　各位都有確實檢討段考考卷嗎？雖然知道檢討考卷的必要性，但想必有不少人考完後覺得解脫了，根本不想檢討，對吧？我也曾是其中一人。

　　然而，學習是日積月累的。考試時模稜兩可的部分，將是造成日後理解不足的原因。了解這一點後我便傾力檢討考卷，並想出讓檢討考卷變輕鬆的方法。

　　首先，考試過程中**我會在考完後想重看的問題上做記號**。考試時做記號，才會清楚應當復習的問題。

　　我會做記號的問題如下：

● 不明白解法的問題。
● 解出來了但有點不安的問題。

　　由於一看就知道該從哪個問題著手，不但方便檢討，也不必花時間去看自己無須復習的題目，很有效率。

檢討要以「查書」為主

　　在此，我要介紹過去我在檢討考卷時的重點。不論是哪一

科，共同要做的是針對有記號、要確認的題目去查課本或參考書，**查到了解自己之前為什麼不懂為止，這很重要**。檢討的方式因科目而異，我要一一介紹。

》 國文、英文是「邊查邊重做一次」

國文和英文等，要根據一段很長的敘述作答的科目，原則上是邊查邊重做一次。

首先查題目敘述中不懂的字詞，重讀整篇文章到完全看懂。

其次是重做答錯的問題和沒把握而做了記號的問題。這時，可以善用課本和辭典，硬要自己想的話會花很多時間。**考試時已經想過、答不出來了，乾脆翻書找出答案還比較有效率**。

另外，關於英文作文等，沒有標準答案的問題，要自己思考作答，並請老師批改。

》 數學是「重解 & 應用類似題目」

數學以重解一次答錯的問題為原則。

需要留意的是**做了記號且答對的問題，也就是「僥幸答對」的題目**。僥幸答對的題目，可能只是碰巧蒙對，要用別的問題再作確認。從學校發的問題集中找出類似的問題，再解一次。

》 理科、社會科是「將知識系統化」

理科和社會科這種背誦科目，由於熟記知識很重要，所以要重視怎樣可以順藤摸瓜地提取出知識。為此，要把和正確答案有關的知識，寫在答錯的題目和有記號題目的附近，好讓知識能夠系統化。

基本上就是，課本翻到有正確答案的頁面，把相關事項彙整出來。透過彙整，使自己能夠**由前後關係和周邊知識，回想起想提取的名詞用語**。

Unit 4

段考篇

總結 　**由於比較方便重新檢視，可以有效率地檢討考卷！**

失敗的往事　大考隔天要到學校自己對答案算分數，卻忘了帶國文的試題紙。

No.088

 考試計畫法

起步定勝負

考試前可用

 彙整筆記的技巧

 考卷活用術

馬上就能開始！重寫考卷

POINT
● 重解考過的試卷。
● 復習解過一次沒成功的題目，是提升成績的捷徑。

by 林 伊吹

成績停滯的話，就重解試卷

　　成績不能如願提升而煩惱，是所有人都有過的經驗。這時通常會考慮買本看似簡單易懂的參考書，或是和成績優秀的朋友一樣的問題集。

　　不過，重新檢視平日的學習之後再買也不遲吧？首先，**試試看自己手邊有的、可以馬上實踐的方法吧！**這一小節我要介紹重解試卷的學習法。正如其名，就是把過去段考和模擬考的考卷再寫一次的做法。

　　這種學習法的優點如下：

重寫考卷有效的三個理由

1	2	3
題目好	**可了解實力**	**範圍明確**
段考題目全是與學生程度相符的問題。	由於是在沒有答案的狀態下認真想過的問題，自己的實力會反映在成績上。	範圍清楚，題目數又不多，做起來容易。

一再重複做同樣的問題

前面已說過，重做以前的試題很有效，而重解其他教材的題目當然也會有效。不限於考卷，重解曾經做過的題目來增強實力吧！查看以前做過的題目現在是否解得出來，也可了解自己擅長、不擅長的部分。

要說多數人都有機會解到的題目，可舉出以下幾種。重解這些問題效果也不錯。

● 課本裡的問題。
● 輔助教科書的問題集。
● 課堂上發的講義。

但若**考量到時間效益，重做題目數量不多的考卷是最有效的做法**。先重做考卷，再針對想要進一步復習的範圍，試著重做上述列舉的題目，也是不錯的方法。

不知道該讀什麼的人，就先從認真重做自己考過的考卷做起吧！

Unit 4 段考篇

重解各科考卷的具體做法

科目	做法
數學、物理	仔細看過一遍解答後，把解答抄寫在筆記本上。然後不看解答試著再解一次。解得出來，就再想一想正確答案以外的別種解法。
化學、生物	計算題方面，做法和數學、物理一樣。而背誦問題則準備好課本，自己翻書找出答案。
英文、國文	精讀課文，掌握內容（對照中文譯文重讀）。然後把課文中出現的重要生詞和重要文法，寫在筆記本上。
社會科目	重讀答錯題目所對應的課文部分，重新整理在筆記本上。同時要與其他時代的類似範圍合併一起重新檢視。例如，答錯江戶文化的問題，就要連同室町、鎌倉時代的文化一起重新檢視。

總結 重做考卷是增強實力最有效率的方法！

大學應試

篇

東大學生的學習法到此幾乎介紹完畢。
除此之外,還有最後一哩路要努力。
希望開始意識到大學入學考的人
務必閱讀這一章。

Unit 5 的圖標說明

高1、高2也推薦

不只是考生，
高一、高二學生也可以讀。

定計畫的技巧

定計畫對大學入學考很重要。
可以知道如何定計畫。

知識的彙整

介紹高中三年份的
知識整理法。

心理訓練

大學應試總擺脫不了不安。
介紹維持幹勁的方法。

想考頂大者必看

正適合考慮報考
高門檻學校的人。

No.089

高1、高2也推薦 ｜ 定計畫的技巧 ｜ 知識的彙整 ｜ 心理訓練 ｜ 想考頂大者必看

課堂上不會教的部分要盡早準備

POINT
● 有些內容上課不會提到，但應試必不可少。
● 趁早碰觸這些部分很重要。
● 尤其是國、英、數三科。

by 安堂 裕樹

國、英、數須盡早採取對策

不管有沒有意識到要考大學，藉由平常的上課奠定穩固的基礎非常重要。因為沒有穩固的基礎，休想理解如何應用和發揮。

不過，**既然有意要考大學，那麼盡早碰觸平常課堂上不會教、但大考一定會考的內容也很重要**。

尤其奉勸各位，國文、英文和數學要盡早準備。

其他科目可能因為範圍相對較少，背誦部分記得多，成績就會進步，因此應試期再準備也能很快看到成果。但另一方面，**國文、英文和數學有許多需要思考的問題，成績不易提升，有必要花很長的時間準備**。

增強國、英、數的實力需要花很多時間

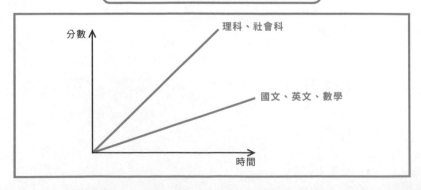

分數

理科、社會科

國文、英文、數學

時間

應當自主進行的訓練

以下是各個科目最好趁早準備的內容：

科目	提前準備的內容	理由
英文	・長篇文章 ・聽力	英文是文組、理組都必考的科目，尤其重要。 大多數高中授課都是以文法為主，但考試時長篇文章和聽力佔很大的比例。
數學	・文字題 ・簡單的入學考問題	上課是按照課本編排來學習定義、定理、基礎運算，可培養基礎知識和運算能力，但不易練就考試必不可少的思考能力。 復習時，每結束一個單元之後，就花點時間自行鍛鍊思考能力吧！
國文	現代文的閱讀理解題	課堂上很少有機會靠自己去掌握現代文文章的邏輯、發展方式。 因此實際在做題目時，也是憑感覺看題目的文章、憑感覺作答。 然而，要確實理解邏輯、根據邏輯作答，需要額外的訓練。

倘若已徹底理解平時上課教授的內容，那就購買與上述部分相關的問題集，趁早一步一步地努力儲備考試所需的能力吧！

應試必不可少但上課不太會教的內容，要盡早準備

尤其是英文聽力，要盡早著手準備！

LISTENING

Unit5

大學應試篇

總結　課堂上不會教、但應試必不可少的內容，趁早自主學習為妙。

〈 應試的回憶 〉 我一直很在意別人抖腳，考試中費了一番力氣才能專注……。

No.090

高1、高2也推薦｜定計畫的技巧｜知識的彙整｜心理訓練｜想考頂大者必看

長期性計畫
要先定出最終目標

POINT
- 先決定大目標。
- 逐步制定細部計畫。
- 若能定出每天該做的事會比較好。

by 河　紐羅

首先要決定大目標

對於幾個月後的模擬考、幾年後的大學入學考儘管有著模模糊糊的危機感，但不知該從何著手的人應該不少。讓我們先決定某段期間內大略的目標，之後再定出當中的小目標吧！

舉個例子，以決定報考東京大學來說吧！這樣決定之後就知道自己哪一科該拚到什麼程度、該怎樣用功讀書。

以我作為例子，為各位介紹我所訂立的目標：

- 考上東京大學。
- 消除對數學的害怕。
- 世界史考試要保持九成的得分……等。

接著可以再針對這時定出的大目標制定六個月、三個月、一個月、一週的具體計畫。

以世界史的例子來說，就像以下這樣：

六個月　世界史考試的得分要一直維持在九成。
↓
三個月　解決不懂的部分，並學會寫延伸性問題。
↓
一個月　做完一本問題集。定期復習。
↓
一週　　自己設計名詞用語測驗、寫問題集。
↓
每天　　背一頁背誦用參考書。

為達成目標，定出每天要做的事

　　我想，在準備段考或大學入學考上，必須做的事非常多。若能這樣**定出每天要做的事，照著執行就會愈來愈接近目標**！正是所謂的「聚沙成塔，滴水穿石」。

　　這種做法也可以用在各種場面，不只是學習。先決定長期性目標，再依序思考為達成目標該怎麼做吧！

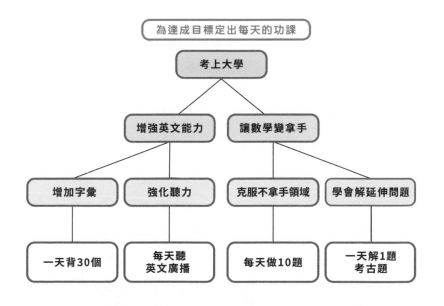

為達成目標定出每天的功課

考上大學

　增強英文能力　　　讓數學變拿手

增加字彙　　強化聽力　　克服不拿手領域　　學會解延伸問題

一天背30個　　每天聽英文廣播　　每天做10題　　一天解1題考古題

Unit 5　大學應試篇

總結　　即使目標很籠統，訂立具體的計畫就能實現！

應試的回憶　說好模擬考分數贏過朋友，朋友就要請吃冰淇淋，但到現在都還沒請。

國 數 英 社 理

No.091

高1、高2也推薦　定計畫的技巧　知識的彙整　心理訓練　想考頂大者必看

一週的讀書量
別估得太滿

POINT
● 定計畫時假日刻意不排進度。
● 假日要用來補平日落後的進度。
● 乾脆預設念書不會完全照著計畫走。

by 安堂 裕樹

週末假日刻意留白

　　是不是有朋友明明定好應試的讀書計畫，卻常常計畫破功呢？這樣的人在安排讀書計畫時，乾脆把週末假日空下來吧！

　　為什麼呢？因為我們在定計畫時，**無論如何都很容易排太多內容，超出自己的能力**。我想這是很多人都有的經驗。以為是依照自己的能力制定詳細的計畫，但多半是自己有幹勁時能做到的理想分量。實際上，幹勁也是會隨著日子變動的，所以最後規畫好的量會無法完成。除此之外，還會發生突然插進別的事，導致計畫延遲這類情形。

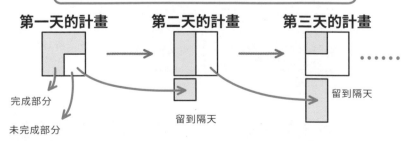

若未設備用日，落後的進度將無法挽回，使計畫破功

第一天的計畫　　　　**第二天的計畫**　　　　**第三天的計畫**

完成部分

未完成部分

留到隔天

留到隔天

這麼一來，就不能不把當天未能照計畫讀完的部分，或是因預料之外的事插入而未能讀完的部分留到隔天。可是隔天也排滿了讀書計畫，所以無法補回前一天落後的進度，假使一連幾天都是這樣的情況，計畫最後便失敗了。

為了避免這樣的失敗，**把週末假日空出來，以調節平日計畫的延遲吧！**

設定備用日以應付進度延遲的情況

先空出週末假日！

起初我也是每一天都排讀書計畫，不料原以為可以做到的讀書量根本讀不完，使得進度落後愈來愈多。基於這樣的經驗，我才會改用這種定計畫的方式。其實我原以為如果時間多出來，可以用來復習平日念書時不太有把握的部分，但就我的經驗，根本沒有這樣的餘裕，為了補回落後的進度就已筋疲力竭了。

Unit 5 大學應試篇

總結　**別過度高估自己的能力，讀書計畫要預留空白日。**

應試的回憶　正式考試時非常緊張，每科開始考時手都會發抖。

No.092

高1、高2
也推薦

定計畫的
技巧

知識的
彙整

心理
訓練

想考頂大
者必看

所有科目每天都要讀

POINT ● 制定每天的讀書計畫時，要把所有科目排進去。
● 依讀好所有科目的方向定計畫。
● 依時段決定念書的類型。

by 中島 悠夏

對自己的讀書方式是否正確感到不安

經常有人說「考大學是團體戰」，但就某個角度來說，同時也是個人戰。自己努力的方向要對，日積月累之下成績才會進步。因此很容易對自己的讀書方式沒有信心，覺得不安：「我的讀書計畫真的沒問題嗎？」「大家都是怎樣用功的呢？」我也有過這樣的時期。不過，後來**我制定每天能讀到所有科目的讀書計畫**，成功消除了那股不安。

為什麼我會用這種方法定計畫呢？是為了消除「一天沒讀那一科，說不定會忘記好不容易記住的內容」這樣的不安。所有科目都讀一點，就會產生「我有讀，可以放心」的安全感。

我想藉這一小節舉例示範一天的讀書計畫。這裡所舉的例子是假想高三學生暑假一天的讀書計畫。

高三時暑假一天的時間表範例

08:30-10:00	國文 選擇題 評論、古文	17:10-18:00	國文 考古題
10:10-11:30	數學 選擇題 數Ⅰ-A	18:00-19:00	英文 考古題
11:45-12:10	英文 選擇題前半	20:30-21:30	數學 考古題1年份
13:00-13:30	基礎化學 講義	22:30-23:00	世界史 選擇題 現代史
13:30-14:00	基礎生物 問題集1單元	23:00-24:00	本國史 問題集1單元
14:10-15:30	世界史 選擇題1年份	24:00-24:30	古文生詞、英文單字
15:45-17:00	本國史 選擇題1年份		

　　這樣的計畫感覺好像可以一天掌控所有科目，是應試期理想的計畫。

　　當然，對某些範圍不太擅長的人有必要專門加強那部分，而需要更多休息才能專注的人，則要把時間切割得更零碎。

每個時段各自安排適當的學習

　　我在定上述這樣的讀書計畫時，會先大致設想上午做選擇題、下午寫二次測驗的考古題、睡前背重點之類的。這樣的安排自有我的理由，歸納如下：

各時段的學習類型

時段	學習內容	理由
上午	準備一次測驗	利用解起來較不費力的選擇題提高幹勁，以更快進入念書模式。
下午	準備二次測驗	因為多半是不能不動腦、難度高的問題。
就寢前	背重點	因為睡前背重點的學習效果很高。

　　這些只是我個人的喜好。定出更方便自己用功的時間表，會提高學習效果！

依時段決定念書的內容

> 先決定每個小時的念書類型，會比較好定計畫。

Unit5 大學應試篇

總結 每天所有科目都讀到，可消除對自己讀書方式的不安，並且讓內容扎根。

 應試的回憶　為大考用功的良伴是甜甜的巧克力和糖果。
直到現在，只要吃到巧克力和糖果就會想起那個時候。

高1、高2 也推薦　　定計畫的 技巧　　知識的 彙整　　心理 訓練　　想考頂大 者必看

No.093

大考前夕 理科基礎的復習

POINT
● 確認記憶是否有模糊的部分。
● 課本裡容易考的部分要徹底看過。

by 河　紐羅

理科基礎多花一點時間就會進步！

考試前夕，之前被主要科目佔去時間，以致疏於準備的理工基礎科目的復習，也變得重要起來。每天一科至少花三十分鐘做考古題等，要翻遍課本每個角落，確認自己是否有地方忘記。

想報考文組的人在準備大學入學考上往往會專攻英文、國文，而把大學入學共同測驗的理工基礎科目往後推，然而國文、英文卻是很難提高分數的科目，因此，相較於投入的時間可能不划算。另一方面，理科則是投入多少就能獲得多少成果。入學考為了多積一點分數，哪怕一分也好，利用可輕易取分的理科基礎爭取分數便很重要。

再者，由於題目少，必須一題一題確實答對。我認為**對規規矩矩採取對策的人來說，理科基礎科目十分簡單，而對疏於準備的人來說，則是很容易失分的科目**。因此，為確實拿到分數，消除似懂非懂的部分就變得很重要。

要雞蛋裡挑骨頭

由於現在大學入學考的理工基礎科目，很容易看出出題傾向，考試前夕也要解一解考古題或預測問題集。這時務必把答錯的問題、覺得困惑的因子一個不漏地整理在筆記本上，頻繁地復習，這一點真的很重要。

除此之外，課本最底下字體很小的資訊，也意外地常常出現在試題中。這部分也要徹底確認，務必以考取滿分為目標！

牢記這三點

```
    1              2              3
  定期復習      研究出題        確認課本的
                 傾向          每個角落

ex:每天復習30分鐘   ex:考古題和預測問題集
```

Unit 5 大學應試篇

總結 理工基礎科目要以滿分為目標，確實答對！

😊 **應試的回憶** 最愛的歌手在大考前夕開演唱會，不能報名參加好難過。

No.094

定期挑戰難題

POINT
- 養成定期解難題的習慣。
- 理當從難度高的問題獲取新的知識。
- 即使答對也要詳讀解析。

by 永山 龍那

困難的題目

理工科目中，存在唯有難度很高的大學才會考的知識和技術。而且，普通大學的入學考有時會出現與高門檻大學過去的考題相似的題目。換句話說，不管報考的學校水準是高是低，最好都要會解高難度的問題。**藉由定期挑戰高難度的問題，培養接觸新知識和新解法的習慣吧！**

那麼，該以什麼標準去挑選難題呢？最簡單的就是用大學校名來挑選。比自己理想志願高一等級的大學等，應該就不錯。如果想上更高的志願，學校發的問題集也含有許多東京大學、京都大學、東京工業大學的考題，不妨試著挑戰那些題目。問題集裡會收錄的題目，可以說即表示它被認為具有相應的價值。

不能完全答對也要詳讀解析

當然，無法一開始就完全答對也不要緊。試著想一想要怎麼作答，想不透的話再看解答就好了。從難題的解答中，我們反而更容易得到研究難題的方法和新的知識，所以看解答也是一種學習。基於這樣的理由，**就算答對也該仔細看解答**。

另外，解一個難題需要經過好幾個步驟。分成多個子題，也

就是有許多引導的問題，也是在訓練構思。順著引導，即學習如何利用前面的子題，也可算是準備入學考很重要的一環。

由於常會遇到可以想出多種不同解法的情況，和老師、朋友合力思考不同的解法肯定也是很好的訓練。

很多事要解過難題之後才會明白。除了新的知識之外，有時還會了解到我們為什麼要透過課本學習這個、以往解題時畫圖的用意、過去一直懵懵懂懂地使用的解法有什麼理據。而最重要的是，即便再怎樣辛苦也要解出來，通過這樣的解題訓練，可以培養出正式上場考試的頑強鬥志。

> 困難的問題會帶給我們很多收穫

[例題]
（1） θ 為一般角，試說明 $\sin\theta$ 和 $\cos\theta$ 的定義。
（2） 根據（1）的定義，試證明一般角 α、β，
$$\sin(\alpha+\beta) = \sin\alpha\cos\beta + \cos\alpha\sin\beta,$$
$$\cos(\alpha+\beta) = \cos\alpha\cos\beta - \sin\alpha\sin\beta$$
（東京大學）

難題雖然給人很複雜的印象，但也有上述這種基礎問題，會有很多收穫！

Unit 5

大學應試篇

總結　鑽研難題可練就對解題有幫助的知識和技術。

應試的回憶　休息時間在考場內散步，竟然迷路。大學校園可真大。

No.095

高1、高2
也推薦

定計畫的
技巧

知識的
彙整

心理
訓練

想考頂大
者必看

改善讀書計畫的方法

POINT ● 計畫無法達成時要找出原因。
● 不斷改善，制定適合自己的計畫。

by 河 紐羅

改善計畫天經地義

相信各位在開始讀書前，一定會定計畫。但是不是會因為每次都沒有照計畫走，就不想再定計畫了呢？我自己是考生時也有這樣的煩惱。

因此，我捨棄了「一定要遵照計畫進行」的想法！一如字面的意思，計畫就只是「計畫」，會變是應該的。無法依照當天的計畫進行時，無須難過、自責，要探究不能照著計畫進行的原因。

比方說，假設一天的讀書計畫如下：

● 解數學問題集20題。
● 背30個英文單字。
● 重寫模擬考試卷。

可是最後只完成數學的問題集和20個英文單字。

這時就算責怪自己沒能達成計畫，成績也不會提升。重要的是**探究「是什麼原因導致計畫無法達成？」**。

思考為何無法照計畫進行？

不能如願進行可能有以下原因：

❶ 數學問題集的範圍正好是自己不擅長的那一塊，每一題花費的時間都超出預期。
❷ 整體讀書量比想像的要多。
❸ 中間休息太久。
❹ 提不起幹勁。

≫ 原因是❶、❷的話

這時就把這次經驗看作是，讓自己知道下次在復習這一塊時需要更多時間的機會。每個人在解不同範疇或形式的問題所要花的時間都不一樣。了解自己做哪方面的題目需要更多時間，對應試也很重要。知道是哪一方面的話，隔天以後的讀書計畫就排得寬鬆一點吧。也可以思考怎樣能更快解出題目。找出自己在哪一科的什麼方面拖太久，重定今後的計畫吧！

≫ 原因是❸、❹的話

試著設法讓下一次可以照計畫讀書。如果原因是❸，就設鬧鐘，以免休息時間拖長；如果是❹，不妨設定達成當日目標的話可以打○分鐘電動之類的獎勵。

長期這樣分析，會讓具體設定並實踐自己可達成的目標成為可能。改善永遠不嫌晚。事實上，我也是直到正式考試前一個月才開始實踐這個方法，使讀書比以前更順利，且沒有壓力。

總結 找到方法制定適合自己的計畫，可改善讀書的品質！

應試的回憶 考試當天早上收到已考取大學的朋友傳來加油簡訊，好高興。

Unit5 大學應試篇

No.096

高1、高2也推薦　定計畫的技巧　知識的彙整　心理訓練　想考頂大者必看

如何提高應試的動力？

POINT
- 為提高動力，交流是最好的方法。
- 與考上理想志願的學長聊一聊。
- 和報考同一所大學的朋友交換情報也很好。

by 松下 天風

維持應試的動力

　　無論知道多少學習法，若缺少持續實踐的動力，依然無法考取理想志願。然而應試期就是會不時地對抗不安。一旦模擬考考不好、成績進步不如預期，便無法一直維持很高的動力。假使動力一直低靡，不僅會大幅降低學習效率，還可能放棄原本只要持續用功就考得上的理想志願。在考大學方面，維持動力與讀書同等重要。

　　那麼，要怎樣維持動力才好呢？我以前是靠與人交流來提高動力。

　　我想各位應該都聽過「考大學是團體戰」這句話。我母校的老師也經常用這句話激勵我們：「**全年級團結一致，大家互相勉勵，向大學入學考挑戰！**」

　　我一直認為，在維持動力方面，「團體戰」的思維效果很好。也就是說，與學長、朋友之類的其他人交流、合作，對保持高度的動力不可或缺。

與學長、朋友聊一聊

　　我在應試期經常和已是大學生的學長保持聯絡，詢問「大學生活是怎樣的感覺？」、「學長以前是如何度過應試期？」這一類的問題。聽到學長講述愉快的大學生活，自己也會想要努力用功考上大學，而聽到學長以前應試期的辛苦回憶，知道受苦的不是只有自己，便會感到安心或心生勇氣。

向已是大學生的學長請益

聊一聊大學生活或應試期的話題，會激勵自己！

　　此外，與想報考同一所學校的朋友交流，是維持動力最重要的事。我就讀的高中想報考東大的學生不多，也因為這樣，我一直很珍惜與他們之間的情誼。我們會互相推薦參考書、比模擬考的分數等，時時在意彼此的存在，以提高讀書的動力。**除了自己還有其他朋友也朝著相同的目標在努力**，這樣的情況會激起自己的動力。

　　解題等實際學習的部分雖然是個人戰，但在心理層面絕對是「團體戰」。各位也務必保持高度的動力，克服大學應試這一關吧！

總結　**重視與學長和朋友的連結，提高應試的動力！**

 應試的回憶　中心測驗時，把本國史A誤看成本國史B寫錯考卷，是個難忘的回憶。

抒發心裡的不安！
考試前的緊張消除法

POINT
- 把覺得不安的事寫在紙上。
- 和平常一樣地與朋友聊天也會有效。
- 清出心裡的不安很重要。

by 服部 篤樹

　　攸關考取與否的考試前夕，沒有人不緊張的。不過，過度緊張會妨礙正式考試時的思考，無法發揮100%的實力。因此，我要介紹兩種我實際採用過、特別有效的消除緊張方法。

 把不安寫在紙上

　　首先介紹的是一個人也可以做的消除緊張法，我稱它為「寫出不安法」。**做法很簡單，考試開始前把自己當下覺得不安的事條列式地寫在紙上，只是這樣而已**。比如可以像以下這樣寫：

- 計算出錯的話怎麼辦？
- 我最怕的有機化學可不要考得很難啊！
- 今年要是落榜，明年要再考一次嗎？

　　像這樣只是把心裡的擔憂寫下來，原本因為緊張而混亂的頭腦就會變清爽。

　　由DaiGo先生所寫的《操控自我　超級專注力》（KANKI出版）一書中，也介紹與此相同的做法。把不安寫在紙上，可以清除心裡的擔憂，使大腦的工作記憶容量增加。其結果據說會提升專注力。

向人傾訴不安也有效

考試前和朋友聊一聊也能緩和緊張的情緒。

考試前夕，周遭的氣氛無論如何就是很沉悶，很容易因為那氣氛而緊張起來。這時，**和朋友像平常那樣閒聊，可以擺脫緊張的氣氛**。因此聊天的內容最好是與考試無關、微不足道的事。

雖然聊和考試有關的話題感覺也不錯，但其中一人要是發現自己不知道那事，立刻會感到不安和焦慮，要特別留意。

和朋友交流能緩和緊張

只是和朋友閒談，緊張就會紓緩唷！

以上介紹了兩種方法，兩者都實踐應該可以相當程度地減輕正式考試時的緊張。尤其是前者的「寫出不安法」立刻就能執行，且效果大，請務必一試！

Unit5 大學應試篇

總結 清出心裡的不安，會紓緩緊張！

應試的回憶 考試中鬧肚子疼，去上廁所反而使心情得以轉換。

推 薦 的 學 習 法

安堂裕樹

#勤勉型
#擅長理科
#沒耐性

推 薦 的 學 習 法	理 由
Unit1 背誦篇 No.024 利用圖像、照片來記憶！	由圖畫聯想再記憶的想法很新穎。
Unit2 演練篇 No.056 換地點提振精神讀書法	由於沒耐性，不斷換地點感覺很適合自己。
Unit3 課堂篇 No.071 先在筆記本上畫好地圖	我對地理很不在行，真希望高中時就知道這個方法……。
Unit4 段考篇 No.078 一週六天計畫	和我的學習法很像，很有共鳴。
Unit5 大學應試篇 No.097 抒發心裡的不安！考試前的緊張消除法	我屬於容易緊張的類型，有方法可以消除緊張會很有幫助！

服部篤樹

#考試前密集用功型
#擅長理科
#講究CP值派

推 薦 的 學 習 法	理 由
Unit1 背誦篇 No.003 比整理筆記簡單！黑白影印問題集	可縮短整理筆記的時間，前所未有！
Unit2 演練篇 No.035 在腦中想像解法可以快速地復習	一再重複寫自己會的題目並不會增強實力喔！
Unit3 課堂篇 No.067 課堂筆記只記重點	上課時曾經一心一意地做筆記……。
Unit4 段考篇 No.076 以背誦科目為中心定計畫	背誦科目確實要花時間。
Unit5 大學應試篇 No.090 長期性計畫要先定出最終目標	倒著推算、制定目標很重要。

請執筆的八人
推薦本書中其他人介紹的學習法。

林 伊吹

#重視效率
#擅長理科
#做事認真

推薦的學習法	理由
Unit1 背誦篇 No.020 利用作文熟記 英文文法	一次學習有多種效果，效率很好！
Unit2 演練篇 No.040 簡單！講義整理術	把講義整理得清清爽爽，感覺心情也會很舒暢。
Unit3 課堂篇 No.071 先在筆記本上 畫好地圖	以視覺的方式接收資訊，感覺有助於理解。
Unit4 段考篇 No.083 使專注力持久的 休息訣竅	效率好的學習需要休息，出乎我的意料！
Unit5 大學應試篇 No.089 課堂上不會教的部 分要盡早準備	可以趁有幹勁時做困難的部分，感覺很不錯。

小林 星

#怕麻煩
#擅長語文
#怕背誦

推薦的學習法	理由
Unit1 背誦篇 No.015 利用睡著前的時間 進行睡眠背誦法	即便是怕麻煩的我，好像也能今晚就開始實踐！
Unit2 演練篇 No.028 製作失誤筆記記錄 自己曾犯的錯	覺得專門對付粗心失誤的學習法很新穎！
Unit3 課堂篇 No.065 把課本當作 筆記本用	將課本和筆記本整合在一起就只要看一本，可以輕鬆復習！
Unit4 段考篇 No.081 彙整問題式筆記	以問題形式彙整比較容易復習，真不錯。
Unit5 大學應試篇 No.092 所有科目 每天都要讀	讀書計畫往往會偏重某幾科，若能有這樣的意識，感覺會很順利！

永山龍那

#沒有擅長或不擅長
#思考到完全明白為止
#極力想輕鬆一點

推薦的學習法	理由
Unit1 背誦篇 No.002 利用零碎時間專心 背誦生詞的方法	非得記住最低限度的生詞，否則什麼也做不好，是不是？
Unit2 演練篇 No.040 簡單！講義整理術	可以處理不斷增加的講義，很開心！
Unit3 課堂篇 No.071 先在筆記本上 畫好地圖	上課前預做準備很聰明。
Unit4 段考篇 No.080 試著在三行內 說明完畢	感覺上大學後用來整理知識也很有幫助。
Unit5 大學應試篇 No.089 課堂上不會教的部 分要盡早準備	配合高中教學的進度，有時會來不及……。

中島悠夏

#喜歡整理筆記
#擅長背誦
#做事有計畫

推薦的學習法	理由
Unit1 背誦篇 No.006 養成復習三次 的習慣	復習雖辛苦但很重要！不論什麼學習法，養成習慣都很重要！
Unit2 演練篇 No.054 大家一起解題	我也很喜歡和朋友一起讀書，因為有不同的樂趣。
Unit3 課堂篇 No.066 做筆記要單純化	我做筆記正好相反，會用多種顏色，所以覺得是很新鮮的想法！
Unit4 段考篇 No.083 使專注力持久的 休息訣竅	智慧型手機是不知不覺就想去碰的東西。讓我想重新檢討自己的休息方式。
Unit5 大學應試篇 No.097 抒發心裡的不安！ 考試前的緊張消除法	寫出不安的方法，感覺日常生活也用得到！下次來試試看！

河 紐羅

#完美主義
#重視效率
#喜歡社會科

推薦的學習法	理　由
Unit1 背誦篇 **No.007 一定要記住的內容 　　　 設成智慧型手機桌布**	想起以前把美國歷屆總統設成桌布，結果被取笑的往事（笑）。
Unit2 演練篇 **No.050 補充在地圖上的 　　　 學習法**	我以前也是這樣做。不但好玩，而且會有收穫！
Unit3 課堂篇 **No.071 先在筆記本上 　　　 畫好地圖**	對「知識要結合相對位置一起記住」這句話很有同感。
Unit4 段考篇 **No.083 使專注力持久的 　　　 休息訣竅**	不僅高中生，這方法對任何人都有用！
Unit5 大學應試篇 **No.096 如何提高應試的 　　　 動力？**	學習就是需要維持動力！

松下天風

#怕麻煩
#擅長文科
#考試前集中火力用功派

推薦的學習法	理　由
Unit1 背誦篇 **No.014 用上聽覺、觸覺的 　　　 背誦法**	覺得利用「觸覺」背誦是很新穎的想法。
Unit2 演習篇 **No.051 可了解梗概！ 　　　 漫畫活用法**	把漫畫運用於學習可以學得很快樂，真不錯！
Unit3 課堂篇 **No.063 課堂中的疑問整理 　　　 在標籤紙上**	發現不懂的地方馬上記下來很重要。
Unit4 段考篇 **No.080 試著在三行內 　　　 說明完畢**	我覺得這種學習法對大學入學考也很管用！
Unit5 大學應試篇 **No.094 定期挑戰難題**	我們總是會不自覺地回避難題，但難題會帶來許多新發現增強實力。

STAFF

執筆	安堂裕樹、服部篤樹、林 伊吹、小林 星、永山龍那、松下天風、中島悠夏、河 紐羅
內頁設計	坂川朱音+田中斐子（朱貓堂）
插畫	岡田丈
編輯協助	高木直子
校對	萩野徑彥
企劃・編輯	樋口 亨

Toudaisei no Benkyou hou Catalog
© Gakken
First published in Japan 2020 by Gakken Plus Co., Ltd., Tokyo
Traditional Chinese translation rights arranged with Gakken Plus Co., Ltd.

東大學霸沒告訴你的K書密技
史上最強應試技巧全解析！

2020年 9 月 1 日初版第一刷發行
2022年11月15日初版第三刷發行

編　　者	學研編輯部
譯　　者	鍾嘉惠
編　　輯	陳映潔
發 行 人	若森稔雄
發 行 所	台灣東販股份有限公司
	＜地址＞台北市南京東路4段130號2F-1
	＜電話＞(02)2577-8878
	＜傳真＞(02)2577-8896
	＜網址＞http://www.tohan.com.tw
郵撥帳號	1405049-4
法律顧問	蕭雄淋律師
總 經 銷	聯合發行股份有限公司
	＜電話＞(02)2917-8022

著作權所有，禁止翻印轉載，侵害必究。
Printed in Taiwan

東販出版

國家圖書館出版品預行編目資料

東大學霸沒告訴你的K書密技：史上最強
應試技巧全解析！/學研編輯部編；鍾嘉惠
譯. -- 初版. -- 臺北市：臺灣東販，
2020.09
218面；14.7×21公分
ISBN 978-986-511-455-8 (平裝)
1.學習方法　2.讀書法
521.1　　　　　　　　109011019